Un pasaje de ida y vuelta por el cine dominicano

Rafael Rodríguez Torres

Las 100 mejores películas
dominicanas de la historia

Un pasaje de ida por el cine dominicano: Las 100 mejores películas dominicanas de la historia

Primera Edición

Agradecimientos

Debo iniciar agradeciendo a mi hermano mayor Pedro, fue él quien inculcó en mí el amor por el cine. Pero también le debo agradecer porque es el mejor hermano del mundo (aunque suene a cliché). Gracias a mis otros hermanos: Magdalena, Pablo, Jossie, Miguel. A mis amigos Juan Carlos Ortiz, Elías López, Carlos Arias Tavárez, Julio Sandoval, Jorge Pichardo Gobaira, Rafael Reyes (Felo) y su esposa Ruth, Joely Abreu, Víctor Valerio, José Gutiérrez, Maxwell Reyes, Pablo Aguilera.

A Guillermo Zouain por su solidaridad. A José Gómez de Vargas, a Manny Pérez, Isabel Polanco, José D'Laura, Gerardo Mercedes, "El Cuervo", Ronny A.Sosa, Johanny Sosa y su esposa Evelyn. Grisely Fermín, Pachy Méndez, Renso Mora y todos los muchachos del Teatro Utopía. También a Marina Pérez y a Akira Recio.

De forma especial van mis agradecimientos para Ericarol Carlo, creadora de libros, sin ellos el proyecto capaz no sale a la luz. Eddy Rodríguez de @alcineconed y Ariel Vargas, por su apoyo incondicional.

A Elizabeth Collado de forma muy especial, aunque estoy seguro que hoy día soy merecedor de todo tu odio, no puedo hacer otra cosa que decirte: ¡Gracias`!

Para mi hijo Romario, quien como buen hijo siguió mis pasos en el amor por el cine.

Para mamá, quien no pudo ver este libro publicado, pero siempre estuvo presente en cada paso de mi vida.

Mis cuñados, sobrinos, primos que siempre han sido incondicionales con cada uno de mis proyectos. A todos: ¡GRACIAS!

Prólogo

Todos conocemos el problema de las listas: no son todas las que están, ni están todas las que son.

Siempre será así. Una lista no es más que la admisión de nuestro limitado conocimiento en la materia que queremos listar.

Frente a ti tienes "Un pasaje de ida y vuelta por el cine dominicano", de Rafael Rodríguez Torres, una lista de las 100 mejores películas dominicanas de la historia.

Esta lista está incompleta. Alcanza su plena madurez cuando cada lector hace su reclamo, incorpora algún título que no fue considerado y, de alguna manera, completa este esfuerzo editorial sobre nuestro cine.

José D'Laura
Crítico de cine

Introducción

¡El cine ha sido parte esencial en mi vida desde mis primeros años. Recuerdo con gran cariño las tardes de domingo, cuando mi hermano mayor, Pedro, nos llevaba a todos a la matinée en los cines de Santiago. Crecí en una familia numerosa, lo que hacía que cada salida fuera una aventura por sí misma. Pero el verdadero encanto de esos domingos no terminaba cuando la película lo hacía. Al regresar a casa, Pedro, con su gran imaginación, ideaba tramas muy similares a las películas que habíamos visto esa tarde. Sin tener una cámara, actuábamos esas historias como si estuviéramos en una gran producción cinematográfica. Pedro, por supuesto, siempre se quedaba con el rol protagónico, mis hermanas eran las chicas que secuestrábamos y debían ser rescatadas, y yo, junto con los demás, éramos los villanos.

Recuerdo que, aunque era un simple juego de seis niños que dejaban volar su imaginación, para mí aquello ya era cine. No había guiones escritos, no teníamos efectos especiales, ni siquiera una cámara que pudiera capturar lo que hacíamos. Pero en mi mente, lo que estábamos creando era tan real como cualquier película de Hollywood. Esa simplicidad, esa creatividad innata, fueron las semillas que plantaron mi amor por el cine desde muy joven.

Con el paso del tiempo, empecé a ver películas con otros ojos. El cine dejó de ser solo un juego y se convirtió en una experiencia más profunda. Me encontraba analizando las historias, los personajes, la cinematografía, y algo dentro de mí comenzó a apreciarlo como una forma de arte. El punto culminante de esta evolución personal ocurrió cuando tuve la oportunidad de ir al Teatro Colón para el estreno de "Un pasaje de ida" en 1988. Era la primera vez que veía una película dominicana en la gran pantalla, y fue un momento revelador. Hasta entonces, estaba muy acostumbrado al cine norteamericano, con su gran despliegue de efectos, actores reconocidos y presupuestos abultados. La comparación entre ambos estilos de cine fue inevitable, pero para mi sorpresa, lo que vi en "Un pasaje de ida" me gustó profundamente, y no solo porque provenía de mi propio país.

Es cierto, y lo reconozco sin problema, que a la producción le faltaban recursos en comparación con el cine extranjero. Pero había algo en la esencia de la película, en su autenticidad, que me atrapó por completo. Me vi identificado en esa historia, en esos personajes, y, de alguna manera, esa película conectó con mis recuerdos de aquellos domingos de matinée, cuando Pedro nos sumergía en mundos imaginarios con poco más que su voz y nuestra energía juvenil. Sentí que el cine dominicano, aunque limitado en recursos, tenía un potencial inmenso. Y lo más importante: era nuestro, con nuestras historias, nuestras voces y nuestras realidades.

A partir de ese momento, comencé a prestar más atención al cine dominicano. Empecé a buscar películas locales, a leer sobre los cineastas que luchaban por crear arte en un entorno muchas veces complicado. Descubrí que el cine dominicano es, ante todo, creatividad pura. Cada película es un testimonio del esfuerzo, la pasión y el deseo de contar historias que resuenan con nuestro público, a pesar de las limitaciones que enfrentan los cineastas en términos de presupuesto y tecnología. En ese sentido, nuestra industria es un testimonio del ingenio y la tenacidad. Tenemos cineastas que se han atrevido a rodar cine de ciencia ficción, acción e incluso cine de época, géneros que requieren grandes recursos, pero que de alguna manera logran llevar a cabo.

En la actualidad, la industria del cine en República Dominicana está en plena evolución. Claro, necesitamos mejorar en muchos aspectos. Es necesario que más fondos se destinen a la creación cinematográfica, que se invierta en formación técnica y artística, y que se desarrollen plataformas que faciliten la distribución y el acceso al cine dominicano, tanto dentro como fuera del país. Pero, a pesar de todo, estoy convencido de que vamos por el camino correcto. Cada año surgen nuevas películas que desafían las expectativas y amplían los horizontes de lo que es posible en nuestra cinematografía. Es un proceso de crecimiento continuo, donde cada película es un paso más hacia un futuro más prometedor.

Como cinéfilo y amante de nuestro cine, me he dedicado los últimos años a investigar, ver y analizar gran parte de las películas dominicanas que se han producido. Este proceso me ha llevado a realizar una selección de lo que, a mi juicio, son las cien mejores películas dominicanas de la historia. Debo confesar que esta lista es el resultado de largas horas de visionado y reflexión, y aun así, quedaron fuera unas veinte películas que me fue imposible acceder para ver y analizar. Estas películas, junto con los nuevos estrenos que vayan saliendo en los próximos años, quedan pendientes para una nueva edición de este top, que seguramente estará cargada de cambios.

Sé que hacer una lista como esta es un ejercicio subjetivo, y no pretendo que sea la última palabra sobre el cine dominicano. Mi selección refleja mis gustos personales, mis experiencias y mi propia relación con las películas que he visto a lo largo de los años. Sin embargo, estoy seguro de que quienes lean esta lista encontrarán en ella algunas de las películas más representativas y emblemáticas de nuestro cine.

El cine, para mí, siempre ha sido algo más que un pasatiempo o una simple forma de entretenimiento. Es una ventana a mundos nuevos, una forma de explorar la condición humana y una herramienta poderosa para contar historias que conecten con la gente a un nivel profundo. Y en el caso del cine dominicano, es también una manera de preservar y compartir nuestra cultura, nuestras luchas y nuestras alegrías. Estoy orgulloso de ser parte de esta historia, aunque sea como espectador, y espero que esta lista sirva como una invitación para que más personas descubran y aprecien el cine dominicano en todo su esplendor.

CIENCIA
FICCIÓN

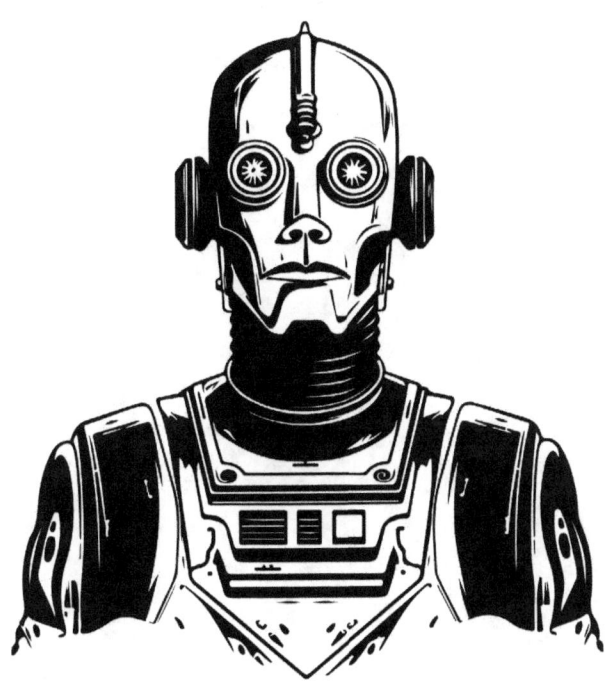

BIODEGRADABLE (2013)

Director: Juan Basanta
Guion: Juan Basanta y Marcel Fondeur
Elenco: Dalisa Alegría, Liche Ariza, Ernesto Báez, Paúl Calderón,
Francis Cruz, Fico Cruz, Liz Gallardo, Leoangel Dumé, Cecilia García,
Emerson González, Iván Hoepelman, Ángel Haché, Hemky Madera,
Pachy Méndez, Jeffry Mora, La Materialista, César Évora, Isabel
Polanco, Fausto Rojas, Héctor Then, Lilibeth Taveras, Judith Rodríguez
Pérez, Gerardo Mercedes, "el cuervo", Mario Núñez.
Director de fotografía: Claudio Chea
Productores: Julio Caro, Tamar del Rosario, Fernando E.Medina, María
José Ripoll, Jochi Vicente.

Biodegradable es una película dominicana de ciencia ficción que nos transporta a un futuro distópico, donde las divisiones de clase y la opresión se mezclan con la realidad de un mundo en decadencia. La trama sigue a una pareja que, a pesar de sus diferentes orígenes sociales, decide luchar por su amor en medio de un sistema que parece estar en contra de ellos. Sin embargo, pese a esta cuidadosa propuesta visual, el guión se presenta como el eslabón débil de la película, limitando el desarrollo emocional y la profundidad de los personajes.

Aun así, Biodegradable destaca por su audaz intento de explorar temas sociales y ambientales en un cine dominicano que rara vez incursiona en la ciencia ficción, ofreciendo una visión fresca y provocadora en el panorama cinematográfico local.

¿YA LA VISTE? SI _____ NO _____

DESPERTAR (2014)

Director: José María Cabral
Guion: José María Cabral
Elenco: Julietta Rodríguez, Karoline Becker, Loraida Bobadilla, Adrian Más, Omar Ramírez, Frank Perozo, Johnnié Mercedes, Kenny Grullón.
Director de fotografía: Hernán Herrera
Productores: José María Cabral y Mila Ramírez

Despertar, de José María Cabral, es una propuesta innovadora dentro del cine dominicano, explorando el siempre fascinante concepto de los viajes en el tiempo. La película ofrece un enfoque único y logra captar la atención del espectador con una producción de alta calidad, mostrando la madurez y creatividad de Cabral como director. Sin embargo, la trama puede resultar confusa en algunos momentos, lo que podría hacer que el público se sienta un poco perdido en el desarrollo de la historia. Un guión más claro o un mayor enfoque en la narrativa podrían haber elevado la experiencia general, dando más cohesión al relato. A pesar de esto, Despertar sigue siendo un paso valioso y arriesgado en la filmografía de Cabral, demostrando su ambición y talento en el cine de ciencia ficción.

¿YA LA VISTE? SI _____ NO _____

MELOCOTONES (2017)

Director: Héctor Valdez
Guion: José Ramón Alama, Felipe Jiménez, Hugh Sullivan y Héctor Valdez
Elenco: Joaquín Ferreira, Peter Vives, Frank Perozo, Ramón Langa, María Guinea, Lee Fulford, Aidan Blenkinsopp, Ben Galler
Director de fotografía: Juan Carlos Gómez
Productores: José Ramón Alama, Vicente Alama, Sandy Cameron, Kate Croser, Morris Ruskin, Hugh Sullivan, Leticia Tonos, Héctor Valdez.

Melocotones es una comedia romántica dominicana que, al igual que muchas películas de ciencia ficción, explora el tema de los viajes en el tiempo, un recurso fascinante y cargado de posibilidades narrativas. La trama sigue a Diego, quien, tras un desastroso fin de semana con su novia y ser dejado, decide intentar enmendar sus errores, aunque eso implique jugar con el tiempo. Aunque la historia pueda sentirse familiar, Melocotones maneja el viaje temporal de una manera fresca y entretenida, aportando toques de humor y situaciones inesperadas que le dan personalidad propia. La película logra un balance entre el humor y la ciencia ficción, lo que la convierte en una propuesta ligera y original dentro del cine dominicano. Excelente diseño de producción.

¿YA LA VISTE? SI ____ NO ____

FANTASÍA

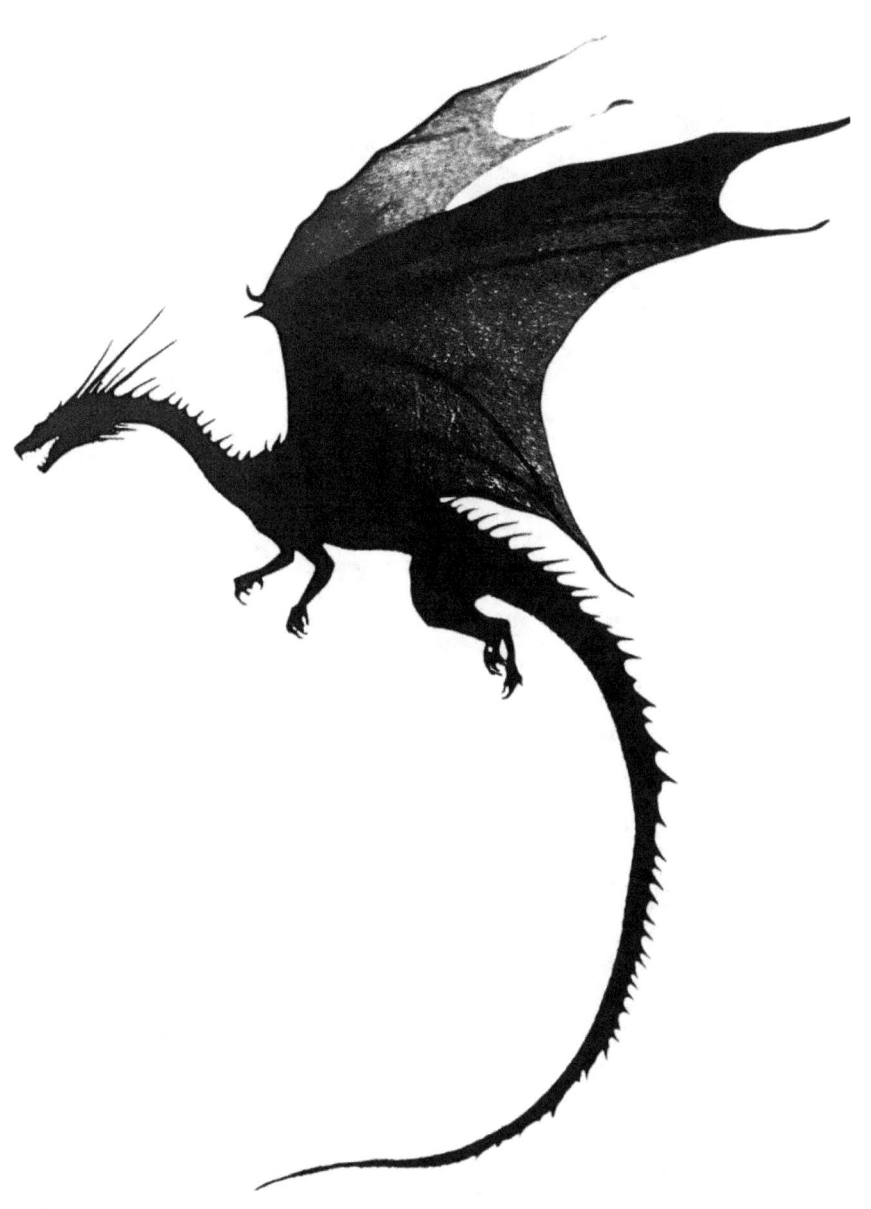

JUPÍA (2022)

Directores: José Gómez de Vargas y Julietta Rodríguez
Guion: José Gómez de Vargas, Junior Rosario y Leticia Tonos
Elenco: David Maler, Julietta Rodríguez, Elizabeth Chacin, Maggy Liranzo, Karina Noble, Teo Terrero, Luis José Germán, Omar Patín, Vic Gómez, Roger Wasserman, Olga Valdez, Salvador Pérez Martínez, Maggy Liranzo.
Director de fotografía: Pedro Juan López
Productores: Ana Guerrero Guillén, Julietta Rodríguez y Leticia Tonos

Jupía es una película dominicana que se adentra en el folclore local, explorando la leyenda de los espíritus de las Jupía, quienes habitan un paraíso terrenal y pueden adoptar diversas formas, incluida la humana, aunque carecen de rostro y ombligo. Estos seres misteriosos duermen durante el día, solo saliendo de noche para alimentarse de guayabas y visitar antiguos lugares de vida. La película crea una atmósfera cautivadora que sumerge al espectador en el mundo del mito y evoca lo misterioso de estos espíritus, cuya intención depende de quien los invoque. Con una dirección artística destacable, Jupía logra transportarnos al escenario místico de estas figuras legendarias, aunque un desarrollo más profundo del guión habría permitido explorar mejor los aspectos psicológicos y narrativos de la historia. Aun así, la película resulta un aporte significativo y bien ejecutado al cine dominicano, ofreciendo una experiencia inmersiva que conecta el misticismo local con la gran pantalla.

¿YA LA VISTE? SI _____ NO _____

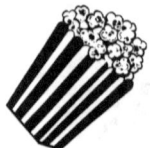
AZUL MAGIA (2017)

Director: Yoel Morales
Guion: Cristian Mojica
Elenco: Lewis Castillo, Ruth Emeterio, Edwin Garabito, Marselle Jiménez, Lucas Marte, Mario Núñez, Esmaylin Morel.
Director de fotografía: Francis Adamez
Productores: Yinna de la Cruz, Francis "Indio" Disla, Cristian Mojica, Juan José Namnun, Sarah Pérez Báez y Felix Reyna.

Esta historia sigue a Moisés, un joven que vive con su madre en un rincón remoto de la isla de Santo Domingo. En su desesperación por ayudarla a sobrellevar una grave enfermedad, Moisés se adentra en el bosque en busca de un remedio, donde inesperadamente encuentra a Bel, una misteriosa muchacha de cabello azul que cambia el rumbo de su aventura. Hermosa, es la palabra que mejor describe esta película, con una narrativa cautivante que conecta a la audiencia con la naturaleza y el folklore de la isla desde el primer instante. El film destaca no solo por su emotiva historia sino también por su estética y dirección visual, creando un mundo mágico en el que el espectador queda inmerso junto a Moisés y Bel. Es cine con un gran valor educativo y cultural, ideal para presentarse en los recintos escolares de toda la isla y acercar a los jóvenes a su riqueza natural y cultural.

¿YA LA VISTE? SI ____ NO ____

SOL EN EL AGUA (2021)

Director: Francisco Adolfo Valdez
Guion: Francisco Adolfo Valdez
Elenco: Camila Santana, Josué Guerrero, Stephany Liriano, Frank Perozo, Alejandro Durán, María del Mar Pérez, King Wu Chen, Judith Rodríguez, Edgar Sylvestre, Roger Wasserman, Amauris Pérez, Odil Beato.
Director de fotografía: Pedro Juan López
Productores: Che Castellanos, Albert Martínez Martín y Rafael Elías Muñoz.

Sol en el agua es un thriller psicológico, una obra cautivadora que invita al espectador a sumergirse en un laberinto de intrigas y secretos junto a su protagonista. La historia sigue a Sol, una joven que se despierta esposada en una cama dentro de un inquietante hospital, rodeada de desconocidos y sin ningún recuerdo de quién es o cómo llegó allí. Para salir de este enigma, Sol deberá profundizar en su subconsciente, enfrentándose a sus propios miedos y verdades ocultas. Rodada en los prestigiosos estudios de Pinewood República Dominicana, la cinta destaca por su atmósfera envolvente y su narrativa que, sin pretensiones, mantiene en tensión al espectador de principio a fin. Esta es una película que hay que ver para entender su magia. Es cine que sin muchas pretensiones nos mete en un laberinto que debemos descifrar para poder salir junto a los protagonistas.

¿YA LA VISTE? SI _____ NO _____

TERROR

HORROR

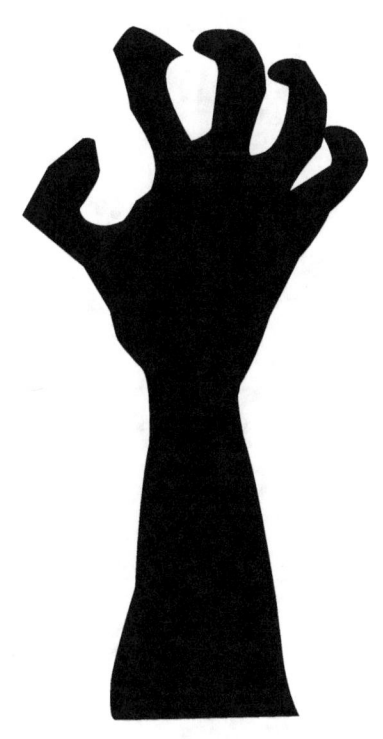

NOCHE DE CIRCO (2013)

Director: Alan Nadal Piantini
Guion: Alan Nadal Piantini, Manuel Aranda y Angel Muñiz
Elenco: Tony Almont, Georgina Duluc, Richard Douglas, Cheddy García, Luis José Germán, Alfonso Rodríguez, Sandy Hernández, Pericles Mejía, Miguel Angel Martínez, Alan Nadal Piantini.
Director de fotografía: Peyi Guzmán
Productores: Ronni Castillo, Angel Muñiz, Samuel Rodríguez y Guillermo Zouain.

Noche de Circo se adentra en el thriller de suspenso con un toque oscuro y psicológico, un género poco explorado en el cine local.

La historia sigue a 10 personas atrapadas en un almacén que misteriosamente parece un circo, y a medida que pasa el tiempo, vamos descubriendo sus identidades y motivos para estar en ese inquietante lugar, sin ninguna explicación de cómo llegaron ahí. La película es un proyecto arriesgado y novedoso, con un aire que recuerda al estilo de Saw, lo que sin duda hace que los espectadores mantengan la intriga y la tensión. Sin embargo, la fuerte referencia al clásico estadounidense puede dificultar una inmersión completa en la trama propia de Noche de Circo. Aun así, es un aporte valiente al cine dominicano, abriendo paso a un género con gran potencial en la región.

¿YA LA VISTE? SI ____ NO ____

ANDREA (2005)

Director: Rogert Bencosme
Guion: Rogert Bencosme y Fran Bencosme
Elenco: Any Ferreiras, Hensy Pichardo, Miguel Angel Martínez, Johanny Sosa, Esteban Ferreiras, Anthony Ferreiras, Elvira Grullón, Ubaldo Sandoval.
Director de fotografía: Franklin Vásquez
Productores: Frankeli Bencosme, Rogert Bencosme, Alberto Núñez, Franklin Vásquez.

Andrea es un hito en el cine dominicano como la primera incursión en el género de terror, marcando un antes y un después en la industria local. Aunque la película tiene múltiples defectos, posee un encanto especial que la vuelve inolvidable, logrando conectar con el espectador a través de su complejidad y humanidad. La interpretación de Johanny Sosa es especialmente destacable, no solo por su talento, sino porque su papel en esta película le brindó reconocimiento nacional, posicionándolo como un orgullo de su ciudad natal, Santiago. A pesar de algunas imperfecciones, Andrea cumple su objetivo como el típico blockbuster de terror, que ofrece entretenimiento y suspense, convirtiéndose en una película pionera y de referencia para futuras producciones dominicanas en este género.

¿YA LA VISTE? SI ____ NO ____

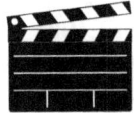

LA BRUJA (2021)

Director: Ronny A.Sosa
Guion: Francis "Indio" Disla y Ronny A.Sosa
Elenco: Manny Pérez, Hony Estrella, Lumi Lizardo, Pachy Méndez, Johanny Sosa, Orestes Amador, Guillermo Liriano, Scarlett Madera, Irenę Martínez, Pió RD, Irenę Tamburini, Químico Ultra Mega, Erlyn Saúl.
Director de fotografía: Francis Adamez
Productores: Biviana Bautista, Francis "Indio" Disla, Ana Iris Gómez, William Ogando, Hoverny Santana, Jalsen Santana.

La Bruja de Ronny Sosa es una apuesta dominicana por el género de terror que presenta una historia cargada de suspenso y tensión. La trama sigue a Don Mario, quien hace un oscuro pacto con una bruja para salvar la vida de su hijo Omar. Sin embargo, este pacto viene con una terrible condición: si el hijo llega a tener una hija, cuando ella cumpla 15 años, la bruja vendrá por ella. Cuarenta años después, la familia enfrenta el aterrador cumplimiento de esta promesa, desatando una lucha desesperada contra las fuerzas malignas para protegerse.

Aunque La Bruja pudo haber alcanzado mayor profundidad en su historia, logra el cometido de generar miedo en el espectador. Las escenas de terror bien logradas mantienen al público en vilo, consolidando la película como un digno aporte al cine de horror local.

¿YA LA VISTE? SI ____ NO ____

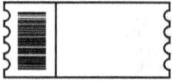

AMIGO D (2018)

Director: Francisco Adolfo Valdez
Guion: Francisco Adolfo Valdez
Elenco: Josué Guerrero, Luis José Germán, Alejandro Durán, Christian Álvarez, Áxel Mansilla, Augusto Feria, José Gómez de Vargas, Camila Santana, Bruno Lastra, Alan Nadal Piantini.
Director de fotografía: Pedro Juan López
Productores: Che Castellanos, Albert Martínez Martín, Rafael Elías Muñoz.

Amigo D es una película que explora el lado más sombrío de la existencia humana, siguiendo a un enigmático personaje que recolecta las almas de pecadores en momentos críticos de sus vidas. La historia sumerge al espectador en el dolor y la angustia de hombres que enfrentan sus últimas horas, luchando contra sus propios demonios internos y el destino ineludible que los acecha. Con una atmósfera cargada de tensión y escenas que mantienen en vilo, la película logra conectar con quienes disfrutan del suspenso y el horror psicológico. Es una obra que, sin muchas pretensiones, se adentra en los rincones más oscuros de la mente y el alma, ofreciendo una experiencia cinematográfica perturbadora y cautivadora para los amantes del género.

¿YA LA VISTE? SI ___ NO ___

MUSICAL

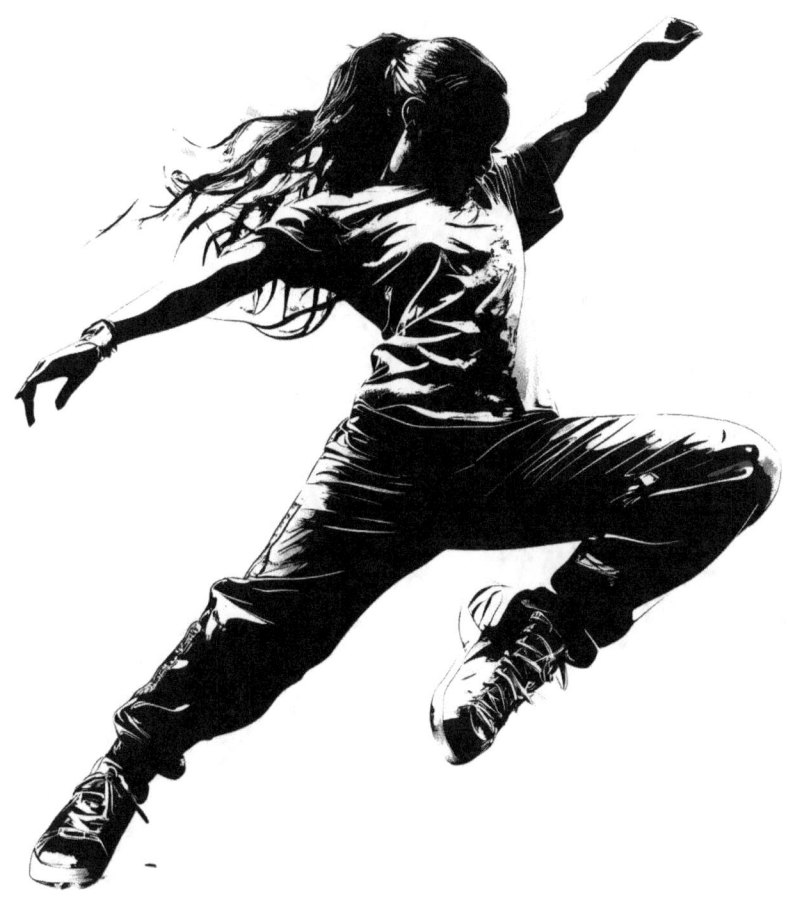

PUETO PA´ MÍ (2015)

Director: Ivan Herrera
Guion: Daniel Aurelio
Elenco: Denise Quiñones, Julietta Rodríguez, Pepe Sierra, Francis Cruz, Ralph Joseph, Ryan Lizardo, Axel Mansilla, Oscar Carrasquillo, Yamile Scheker, El Mayor Clásico, Daniel Aurelio, Teo Terrero, Erlyn Saúl.
Director de fotografía: Peyi Guzmán
Productores: Laura Castellanos, David Collado y Vianny Pena.

Pueto Pa' Mí es una película basada en hechos reales que narra la historia de dos jóvenes de barrios humildes que, pese a las adversidades, luchan incansablemente por hacer realidad su sueño de triunfar en la música. La historia muestra sus dificultades y sacrificios, ofreciendo un retrato auténtico de quienes ven en el arte una vía de escape y superación. Aunque el dembow o reguetón no es de mi gusto, el film logra involucrarnos y hasta disfrutar de las canciones que interpretan los protagonistas. Iván Herrera dirige con acierto, logrando el mejor aspecto de la película en su dirección.

¿YA LA VISTE? SI ____ NO ____

33

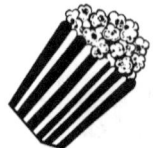

A RITMO DE FÉ (2013)

Director: José Gómez de Vargas
Guion: Eudys Cordero
Elenco: Hayrol Abreu, Zoraida Bobadilla, Vladimir Acevedo, Yamile Scheker, Laura Isabel Fernández, Oscar Carasquillo, Juan José Namnun, Mario Peguero, José Mota Prestol.
Director de fotografía: Justo Cruz
Productores: Eudys Cordero

La película sigue a Juan, un joven de clase humilde con un talento excepcional para el baile urbano, que enfrenta los obstáculos impuestos por su contexto social mientras persigue sus sueños. Su fe en Dios y su inmenso deseo de superación se convierten en sus principales aliados en este camino lleno de retos. En este filme somos testigos del vibrante mundo de las coreografías y el arte urbano, donde muchos jóvenes ven una oportunidad de cambiar su destino. Con una narrativa cercana y auténtica, el film logra transmitir el esfuerzo, la pasión y el sacrificio que requiere seguir un sueño, brindando un mensaje inspirador sobre la perseverancia y la esperanza. La película destaca, además, por sus escenas de baile, que capturan la energía y dedicación de quienes buscan en el arte un camino hacia un mejor futuro.

¿YA LA VISTE? SI ____ NO ____

LA BARBERÍA (2018)

Director: Waddys Jaquez
Guion: Ari Manuel Cruz y David Maldonado
Elenco: Héctor Maldonado, Rosemery "Boquita" Almonte, Freddyn Beras Goico, Georgina Duluc, Ruth Emeterio, Flor de Bethania, Ivän Camilo, Keng Wu Chen, Freddy Ginebra, Miguel Bucarelly, Diomary La Mala, Carolina Feliz, Josué Guerrero, Sandy Hernández, Hony Estrella, Modesto Lacen, Ruairi Rhodes.
Director de fotografía: Luis Enrique Carrión
Productores: Juan Basanta, Esteban Martín, Albert Martínez Martín, Rafael Elías Muñoz, Freddy Vargas.

La Barbería narra la historia de Benny, un talentoso barbero del Alto Manhattan que hereda un edificio y enfrenta una difícil decisión: vender la propiedad, desplazando a las familias dominicanas del barrio, o conservar La Barbería, un lugar que se ha convertido en el corazón de la comunidad. Con esta encrucijada, el film aborda temas de identidad, pertenencia y los dilemas de quienes buscan prosperar sin olvidar sus raíces.

El debut de Waddys Jaquez como director no decepciona; desde la primera escena, la película logra capturar la esencia de la vida en este barrio de inmigrantes, transmitiendo autenticidad y emoción. A pesar de ser una adaptación teatral, el film logra encontrar su propio ritmo en pantalla, logrando un resultado que resuena con el público y rinde homenaje a la cultura y la comunidad dominicana.

¿YA LA VISTE? SI _____ NO _____

HUMOR
NEGRO

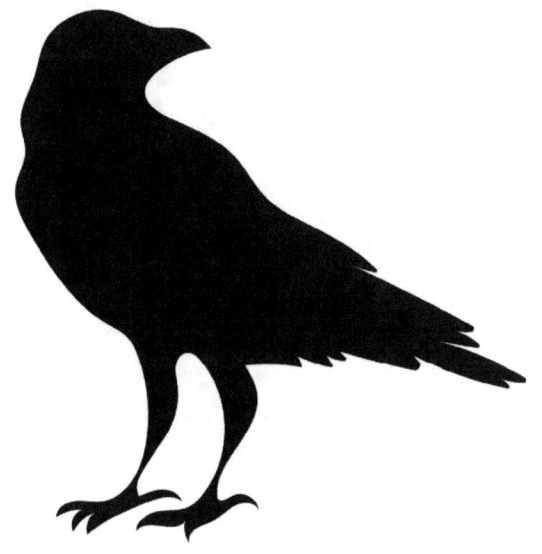

LA TRAMPA (2022)

Director: Frank Perozo
Guion: Junior Rosario y Kendy Yanoreth
Elenco: Miguel Céspedes, Raymond Pozo, Francis Cruz, Kenny Grullón, Jhovanny Cruz, Jenny Blanco, Carolyn Aquino, Claribel Adamez, Richardson Díaz, Mariel Corona, Maurizio Alberino, Tiby Camacho, Claribel Molina, Yasser Michelén, Melymel, Brea Frank, Pepe Sierra, Mario Núñez, Frank Perozo, Barbara Plaza, Jessus Zambrano,Wa Sen Ou Jo.
Director de fotografía: Francis Adamez
Productores: Caroll Herrera, Yuneidys Lachapell, Kendy Yanoreth

Frank Perozo ha encontrado una fórmula eficaz para sus comedias: los mismos personajes en situaciones distintas. A pesar de esto, con La Trampa demuestra que existe una intención genuina de revitalizar la comedia dominicana, reafirmando que el género puede desarrollarse después de haber permanecido muchos años en una aparente desgana repetitiva.

¿YA LA VISTE? SI _____ NO _____

TRABAJO SUCIO (2018)

Director: David Pagan Mariñez
Guion: José Ramón Alama
Elenco: Nashla Bogaert, Yasser Michelén, Cheddy García, Ovandy Camilo, Sarodj Bertín, Ana María Arias, Virginia del Sol, Frank Perozo, Alfonso Rodríguez, Pio la Ditingacia, Kenny Grullón, Carasaf Sanchez, Killadamente, Carlos Montesquieu.
Director de fotografía: Juan Carlos Gómez
Productores: José Ramón Alama, Vicente Alama, Bryant Cabrera, Fior de Valdez, Héctor Valdez, Kendy Yanoreth.

Trabajo Sucio nos sumerge en la vida de los empleados de una mansión, quienes, encuentran una gran suma de dinero que desencadena una serie de decisiones arriesgadas motivadas por la venganza y la codicia. Aunque el film transcurre casi en su totalidad en interiores, la trama mantiene un ritmo ágil y divertido, con situaciones hilarantes que reflejan las tensiones de clases y el ingenio de quienes buscan reivindicación. La dirección aprovecha al máximo los espacios cerrados, potenciando la atmósfera de tensión y comedia, y convierte a Trabajo Sucio en una entretenida crítica social cargada de humor negro y suspenso.

¿YA LA VISTE? SI ____ NO ____

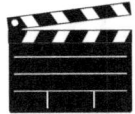
LA FAMILIA (2024)

Director: Yasser Michelén
Guion: José Ramón Alama
Elenco: Frank Perozo, Manny Cruz, Pio la distingancia, Fausto Mata, Tony Almont, Patricia Ascuasiati, María Elisa Camargo, María Boyero, Pepe Sierra, Gerardo Mercedes, "el cuervo", Liz Turra, Antonio Peter de la Rosa, "Omega", Haraka Kiko, Ovandy Camilo.
Director de fotografía: Sebastián Cabrera Chelín
Productores: José Ramón Alama, Vicente Alama, Fior de Valdez, Tomy Ogando, Héctor Valdez.

La Familia sigue una estructura similar a la de La Gunguna, pero con un estilo propio que Yasser Michelen maneja con acierto, logrando captar la esencia de la cultura urbana dominicana.

El film encuentra un equilibrio entre la comedia y la acción, con personajes pintorescos que aportan un toque distintivo a la narrativa. Michelén saca lo mejor de figuras populares como Pio La Distingancia y Omega, quienes aportan autenticidad y carisma a la historia.

Esta película pone en el centro uno de los problemas más críticos de la sociedad dominicana: las estafas piramidales. Inspirada en casos de alto perfil, como el del famoso Mantequilla, la historia muestra cómo el sueño de multiplicar el dinero mediante promesas de inversión se convierte en una pesadilla para cientos de personas.

¿YA LA VISTE? SI ____ NO ____

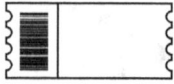
LOS VENDEDORES (2023)

Director: Lucas Estrella
Guion: Lucas Estrella
Elenco: Lucas Estrella, Génesis Estévez
Director de fotografía: Víctor Cantisano
Productores: Adrian Agramonte, Lucía Sánchez Cruces, Lucas Estrella, Víctor Arcturus Estrella

Los Vendedores es un brillante ejemplo del cine independiente. Mi admiración por este film radica en la dirección objetiva de Lucas Estrella, quien logra presentar la historia con un estilo crudo y honesto.

¿YA LA VISTE? SI ____ NO ____

DE PEZ EN CUANDO (2014)

Director: Francisco Adolfo Valdez
Guion: Francisco Adolfo Valdez
Elenco: Luis José Germán, Marianly Tejada, Héctor Aníbal, Manolo Ozuna, Patricia Pinto, Hony Estrella, Hensy Pichardo, Camila Santana, Carlos Alfredo Fatule, Manuel Raposo, Jalsen Santana, Aquiles Correa, Axel Mansilla, Vladimir Acevedo, Itahisa Machado, Irvin Alberti, Félix Germán.
Director de fotografía: Peyi Guzmán
Productores: Che Castellanos, Miguel Angel Muñiz, Fernando Rivas

De Pez en Cuando nos presenta la historia de Ben, un escritor frustrado que, al borde del suicidio, ve su vida alterada cuando su vecino interrumpe su intento sin darse cuenta de la gravedad de la situación. Esta trama atrevida es un arriesgado ejercicio de humor negro que desafía las convenciones del cine dominicano. Francisco Adolfo Valdez, como director, se adentra en un tipo de comedia que no siempre es bien recibida en la cultura local, pero logra ejecutarla de manera efectiva. A través de diálogos ingeniosos y situaciones inesperadas, el film crea un espacio para la reflexión sobre la vida, la desesperación y las conexiones humanas. Sin duda, es una propuesta cinematográfica que merece ser apreciada por su audacia y calidad.

¿YA LA VISTE? SI _____ NO _____

COMEDIA
ROMÁNTICA

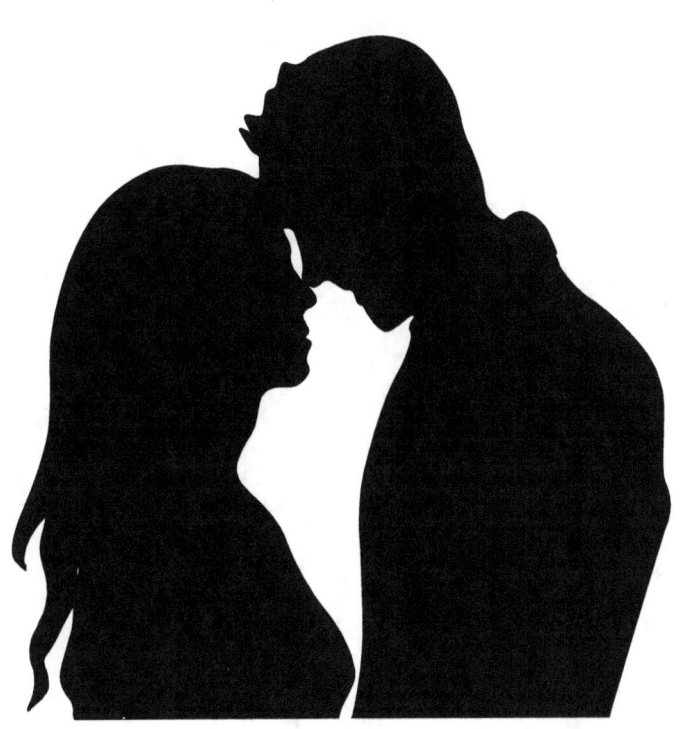

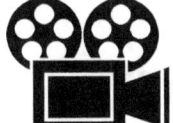

EL QUE MUCHO ABARCA (2014)

Director: Ronni Castillo
Guion: Daniel Aurelio
Elenco: Eva Arias, Carlos Sánchez, Georgina Duluc, Yasser Michelén, Michael Miguel Holguín, Esther Tejada, Luz García, Richard Douglas, Fico Cruz, Bolívar Valera.
Director de fotografía: Peyi Guzmán
Productores: David Collado y Sarah Pérez Báez

El que mucho abarca nos presenta la historia de un hombre casado que, al decidir ser infiel por primera vez a su esposa, se ve envuelto en una serie de problemas inesperados. Esta comedia ligera ofrece momentos divertidos y situaciones hilarantes que pueden hacer reír al espectador. Sin embargo, aunque tiene el potencial para ser una película más impactante, se queda corta en algunos aspectos. Aun así, es una opción entretenida para pasar un rato ameno, aunque sin dejar una impresión duradera.

¿YA LA VISTE? SI ____ NO ____

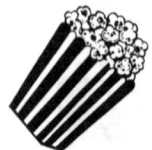

LAS PEQUEÑAS COSAS (2024)

Director: Yasser Michelén
Guion: José Ramón Alama y José A.Paxtor
Elenco: Héctor Aníbal, Nashla Bogaert, Angela Bernal, CJ Báez, Mario Cersósimo, Luinis Olaverria, Jessy Santana, Pamela Sued, Pepe Sierra.
Director de fotografía: Saurabh Monga
Productores: José Ramón Alama, Vicente Alama, Fior de Valdez, Héctor Valdez, Kendy Yanoreth.

Han escuchado decir a alguien: "¿Esa película es bonita?" Justo es lo que pasa con Las Pequeñas Cosas. Es una película hermosa donde cada toma nos encandila. Y poco importa si la trama sea sosa o no, lo que importa es que estamos frente a una belleza pocas veces vista en nuestro cine, que nos invita a apreciar la belleza por encima de la complejidad narrativa.

Trata sobre Raquel, una joven desilusionada y escéptica sobre el amor, quien se reencuentra con Mateo, su amigo de la infancia. Este hecho la confronta con sus prejuicios y miedos, desatando una conexión inesperada. A medida que reviven viejos recuerdos, Raquel comienza a cuestionar su desconfianza y a abrirse a nuevas posibilidades de amor.

¿YA LA VISTE? SI ____ NO ____

NO ES LO QUE PARECE (2021)

Director: David Maler
Guion: David Maler
Elenco: Frank Perozo, Nashla Bogaert, Vic Gómez, Patricia Ascuasiati, Candy Flow, Haidy Cruz, Miguel Bucarelly, Gaby Espino, Chimbala, Jenny Blanco.
Director de fotografía: Luis Enrique Carrión
Productores: Jordania Candelario, Ruth Chevalier, Julio de la Rosa, Gabriela C.Ferreira

Una comedia romántica que enfrenta un desafío común en el cine dominicano: la falta de credibilidad en sus personajes, quienes no reflejan la realidad cultural del país. A pesar de esta desconexión, la trama está bien desarrollada y logra mantener el interés del espectador. La película tiene potencial, pero podría beneficiarse de un enfoque más auténtico para que sus personajes resuenen con el público dominicano.

En general, es una opción amena para disfrutar sin demasiadas expectativas.

¿YA LA VISTE? SI ____ NO ____

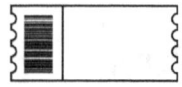
TODAS LAS MUJERES SON IGUALES (2017)

Director: David Maler
Guion: José Ramón Alama y David Maler
Elenco: Christian Meier, Frank Perozo, Axel Mansilla, Nashla Bogaert, Pachy Méndez, Ettore D'Alessandro, Freddy Beras Goico, Alina Vargas, Yasser Michelén, Cecile van Welie, Cheddy García, Enrique Quailey, Carlos Sánchez, Kenny Grullón.
Director de fotografía: Juan Carlos Gomez
Productores: José Ramón Alama, Vicente Alama, Fior de Valdez, Carlos Germán, David Maler, Jose Gilberto Molinari-Rosaly, Héctor Valdez.

Una secuela que logra mantenerse a la altura de su predecesora, utilizando la misma fórmula que ha demostrado ser exitosa. Esta comedia, centrada en cuatro mujeres, explora de manera divertida y liberadora sus relaciones sentimentales con los hombres. Sería ideal que más comedias sigan este camino auténtico que conecta.

¿YA LA VISTE? SI ____ NO ____

TODOS LOS HOMBRES SON IGUALES (2016)

Director: Manuel Gomez Pereira
Guion: José Ramón Alama, Miguel Alcántara y Manuel Gómez Pereira
Elenco: Christian Meier, Frank Perozo, Nashla Bogaert, Lumy Lizardo, Mike Amigorena, Cecile van Welie, Georgina Duluc, Josué Guerrero, Hony Estrella, Hensy Pichardo, Raeldo Lopez.
Director de fotografía: Aitor Mantxola
Productores: José Ramón Alama, Carlos Germán, Héctor Valdez

Todos los hombres son iguales, narra la historia de tres hombres divorciados que deciden formar un club de solteros para disfrutar de la vida y sus placeres. Al inicio, subestimé este film, pero para mi sorpresa, me dejó gratamente complacido.

¿YA LA VISTE? SI _____ NO _____

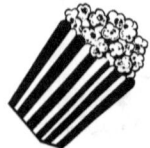
COLAO (2017)

Director: Frank Perozo
Guion: José Ramón Alama y José A.Paxtor
Elenco: Nashla Bogaert, Manny Perez, Raymond Pozo, Miguel Céspedes, Celinés Toribio, Ana María Arias, Anthony Álvarez, Candy Flow, Evelyna Rodríguez, Gerardo Merecedes, "el cuervo", Miguel Bucarelly, Arcángel, Chelsy Bautista, El Neny la Amenaza.
Director de fotografía: Juan Carlos Gómez
Productores: José Ramón Alama, Riccardo Bardellino, Michael Carrady, Zumaya Cordero, Ana López, Gregory Quinn, Kendy Yanoreth.

Sigue la historia de Antonio, un hombre que ha dedicado su vida a cultivar café en las montañas de Jarabacoa. Es el olor del café, el lazo que une a una pareja en Colao, creando un ambiente dulce y evocador. Si eso no es fabuloso, ¿qué lo es?

¿YA LA VISTE? SI ____ NO ____

CINDERELO (2017)

Director: Beto Gómez
Guion: Francisco Payo González y Beto Gómez
Elenco: William Levy, Miguel Rodarte, Joaquin Cosío, Stephany Liriano, Lisbeth Santos, Hans Martínez, Eva Arias, Juan Carlos Pichardo, Luis José Germán, Héctor Sierra, Oscar Carrasquillo.
Director de fotografía: Serguei Saldívar Tanaka
Productores: Antonio Gennari, Albert Martínez Martín, Rafael Elías Muñoz, Sarah Pérez Báez, Alfonso Rodríguez.

Cinderelo es una conmovedora película que sigue a Marlon Flores, un talentoso fotógrafo que destaca la belleza interior de los demás, pero lucha con su propia inseguridad. Esta obra es un testimonio de que, con simpleza y pequeños detalles bien elaborados, se puede crear una película significativa.

¿YA LA VISTE? SI _____ NO _____

¿QUIÉN MANDA? (2013)

Director: Ronni Castillo
Guion: Daniel Aurelio y Ronni Castillo
Elenco: Nashla Bogaert, Frank Perozo, Laura Díaz, Micky Montilla, Claudette Lalí, Daniel Aurelio, Amauris Pérez, Akari Endo, Cuquín Victoria, Marianly Tejeda, Ivonne Beras Goico, Manuel Chapuseaux.
Director de fotografía: Peyi Guzmán
Productores: Elsa Turull de Alma, Carlos Germán, Ana Judith Alma Iglesias, Antonio Alma Iglesias, Claudette Lalí, Frank Perozo.

¿Quién manda? Es una comedia que aborda la batalla de los sexos con humor e inteligencia. La película logra equilibrar situaciones divertidas con diálogos ingeniosos, ofreciendo una crítica social sobre las relaciones modernas. La química entre Nashla y Frank es excepcional, lo que potencia la dinámica de la trama. Sus personajes, bien construidos y creíbles, mantienen al espectador entretenido de principio a fin. Con una mezcla de risas y reflexiones, esta película se destaca en el cine dominicano contemporáneo.

¿YA LA VISTE? SI ____ NO ____

AGUJERO NEGRO (2018)

Director: Diego Araujo
Guion: Diego Araujo y Hanne-Lovise Skartveit
Elenco: Víctor Aráuz, Daniela Roepke, Marla Xaviera, Yasser Michelén, Cristina Morrison, Anahí Hoeneisen, Diego Mignone, Marisol Romero, Nicolás Andrade, Alejandro Fajardo.
Director de fotografía: Daniele Luppi
Productores: Simon Brauer, Pablo Fiallos, Cristina Morrison, Wendy Muñiz, Grace Serrano, Hanne-Lovise Skartveit, Guillermo Zouain.

Esta película narra la historia de un escritor en plena crisis creativa que encuentra inspiración en una joven menor de edad. Esto es cine con criterio.

¿YA LA VISTE? SI _____ NO _____

ACCIÓN

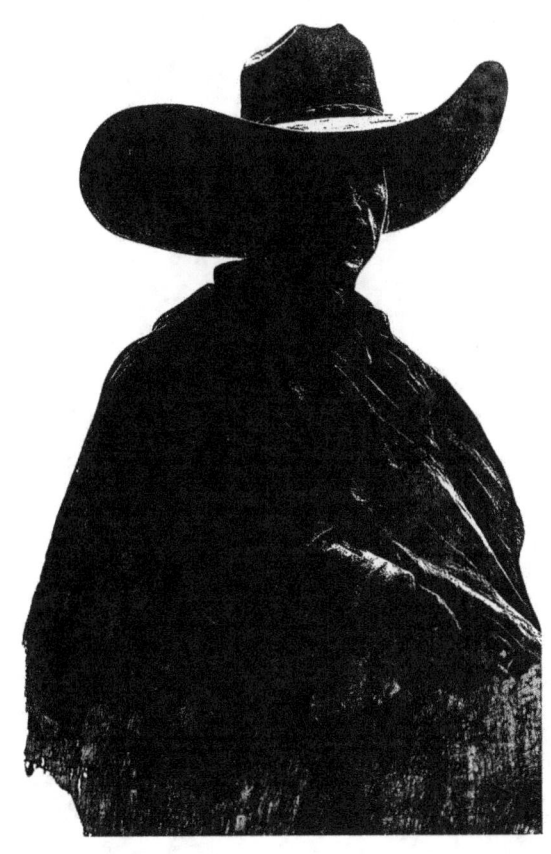

EL SÓTANO (2010)

Director: Luis Corporán
Guion: Luis Corporán
Elenco: Billy Martin, Luis Corporán, Harley Dorado, Carlos Quezada, Miguel Angel Martinez
Director de fotografía: Miguel Ángel Magallanes
Productores: Edward Santos B. Y Luis Corporán

Cine independiente que apenas cuenta con una o dos locaciones. Se puede tomar como un ensayo cinematográfico. Me gustó lo que hicieron a pesar de la falta de recursos.

¿YA LA VISTE? SI ____ NO ____

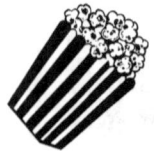

LA BROMA DE LA JUSTICIA (2022)

Director: Jassel González
Guion: Emmanuel Galán y Sara Morbidi
Elenco: Josué Guerrero, J.D.Cabrera, Wigner Duarte, Fico Cruz, Mario Núñez, Nidsbelle Guzmán, Vladimir Jiménez, Lisa Núñez.
Director de fotografía: Francis Adamez
Productores: Irene Abréu y Sara Morbidi

Un joven abogado motivado por su deseo de desenmascarar la corrupción de un influyente político, decide actuar. El abogado logra infiltrarse en la finca del político, pero al adentrarse en la propiedad, descubre una situación mucho más grave de lo que había anticipado.

La trama estuvo bien elaborada y con giros interesantes. Sin embargo, sentí que el director no supo interpretar lo que le pusieron en el papel, lo que resultó en una ejecución que no hizo justicia al guión.

¿YA LA VISTE? SI _____ NO _____

CULPABLES (2020)

Director: José Enrique Pintor
Guion: José Enrique Pintor y Junior Rosario
Elenco: Jalsen Santana, Gerardo Mercedes "El Cuervo", María José Pintor, Mario Lebrón, Manuel Emilio Cabrera, Juan Carlos Hazím Sued, Hensy Pichardo, Carlota Carretero, Pepe Sierra, Ernesto Báez.
Director de fotografía: Paco Sánchez Polo
Productores: Miguel Campusano y Shandy Cuesta

Un secuestro desencadena una serie de acontecimientos que nos meten en la trama gracias a la intensidad que le imprimen los actores a sus personajes. De entrada, el guion presenta problemas, como la falta de claridad sobre las motivaciones del asaltante principal y la legalidad de la fortuna del padre de familia. Por otro lado, tiene un elenco sólido, con actuaciones destacadas de Hensy Pichardo y Gerardo Mercedes. La dirección de José Enrique Pintor presenta un enfoque poco común en la comedia dominicana. Aunque hay aspectos positivos, la película no logra satisfacer completamente al espectador.

¿YA LA VISTE? SI _____ NO _____

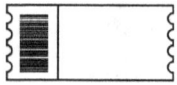

EL CÍRCULO VICIOSO (2003)

Director: Nelson Peña
Guion: Nelson Peña
Elenco: Rafael Decena, Félix Solís, Mickey Albuquerque, Frank Molina, Luis Felipe, José M.Vásquez, Ali Pérez, Danilo Solís, Lou Torres, Carlos Saldivia, Eric Leffler, Maité Bonilla, Fidel Vicioso.
Director de fotografía: Arsenio Assin
Productores: José Cruz, Peter C.Frank, Lisa Leone, San Loco, Darnell Martin, Frank Molina, Liette Pedraza, Ángel R.Vásquez.

El mundo del narcotráfico en Nueva York, con la participación de dominicanos, se presenta en este cine independiente que, aunque valioso, evidencia ciertas limitaciones propias de su época. Un remake podría aportar una perspectiva más contemporánea, mejorando aspectos técnicos y narrativos, y ofreciendo una representación más rica y matizada de esta compleja realidad.

¿YA LA VISTE? SI _____ NO _____

CARTA BLANCA (2021)

Director: Pedro Urrutia
Guion: Pedro Urrutia
Elenco: Pepe Sierra, Héctor Aníbal, Damián Alcázar, Julio Bracho, Ramón Emilio Candelario, Mark B., Tempo, El Alfa, Pablo Charleston, Dalisa Alegría, Vladimir Acevedo, Fico Cruz.
Director de fotografía: Antonio Riestra
Productores: Luis Arambilet, Mae Chang, David Ferreira, Alexandra Guerrero.

Este fue el primer papel protagónico de Pepe Sierra, reconocido como uno de los mejores actores del país. A pesar de su talento y capacidad interpretativa, el guion no le brindó el apoyo necesario para destacar plenamente su habilidad. Las limitaciones del texto impidieron que pudiera explorar a fondo la profundidad de su personaje. Por lo menos, el guion presenta un aspecto positivo que destaca y es su crítica mordaz hacia la policía dominicana, un comentario social que llega en un momento muy necesario. Es lamentable que nuestra fuerza policial esté tan desacreditada, y es un acto de valentía por parte de Urrutia abordar este tema.

¿YA LA VISTE? SI ____ NO ____

EL ENCARGO (2013)

Director: Juan Ramón Martínez
Guion: Juan Ramón Martínez: Johnnié Mercedes, Francisco Cabrera,
Fico Cruz, Harley Dorado, Juan Fernández, Marlen García, Lusinqui
Hernández, Pamela Montero, Dayana Gassete, Mirope Ramírez.
Director de fotografía: Juan Ramón Martínez
Productor: Juan Ramón Martínez

La trama sigue a un joven llamado Willy, cuya vida da un giro inesperado tras recibir una llamada destinada a otra persona. Motivado por su amigo José Manuel, se adentra en un mundo peligroso y fascinante, donde se ve arrastrado a situaciones de secuestro y robo que pondrán a prueba su valentía y moralidad. Cine de acción independiente que en su momento marcó la pauta a seguir.

¿YA LA VISTE? SI ____ NO ____

¡Y...A DIOS QUE ME PERDONE! (2017)

Director: Ángel Muñiz
Guion: Ángel Muñiz
Elenco: Francis Cruz, Jean Jean, Juan María Almonte, Cynthia Guzmán, Silvia Dionicio, Ángela Bernal, Johnnié Mercedes, Pachy Méndez, Erlyn Saùl, Pepe Sierra, Jessy Santana, Yamile Scheker, Tony Sanz, Héctor Sierra, Shailyn Sosa, Gerardo Mercedes "El Cuervo", Estarlin Morel.
Director de fotografía: Peyi Guzmán y Sebastian Cabrera Chelín
Productores: Ángel Muñiz, Héctor Dario Gutiérrez, Tatiana Calcaño.

Mi inconveniente con Ángel Muñiz es que, a la mitad de sus películas, parece perder el interés y la motivación para mantener un nivel de calidad constante, lo que provoca que la historia pierda fuerza. Aunque el intento inicial fue prometedor, desafortunadamente, el filme se vio más envuelto en rumores y controversias que en su propio contenido. Esto hace que la película no resuene como debería, dejando una sensación de decepción en el espectador, quien esperaba una obra más pulida y coherente en su desarrollo.

¿YA LA VISTE? SI ____ NO ____

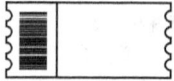

EL SISTEMA (2006)

Director: Humberto Espinal
Guion: Humberto Espinal
Elenco: Miguel Alcantara, Santos Bello, Julian Oro Duro, Stalin Carrasco, Rene Espinal, Bernd Hohle, Lumi Lizardo, Osvaldo Añez, Mildred de la Mota, Johnnie Mercedes, Jose Manuel Rodriguez, William Diaz, Maite Nebreda, Omar Ramirez.
Director de fotografía: Francis Adamez
Productores: Humberto Espinal, Yahaira Florentino, Maty Henriquez, Jonathan W.Jones, Americo Moya, Sarella Perry, Shawn Younai.

Narra la historia de René Sánchez, un ex sicario al que un grupo paramilitar anda buscando para matarlo, lo que se manifiesta en una sangrienta cacería. Una muestra del cine independiente dominicano que se produjo antes de que se implementara la ley de cine. Aunque la escasez de recursos limitó su producción, el filme logra destacar. Su impacto radica en la autenticidad de su historia y la pasión de su equipo, lo que lo convierte en una obra digna de reconocimiento. Se considera la primera película dominicana de acción.

¿YA LA VISTE? SI ____ NO ____

NAVARRETE (2009)

Director: Rinel Osoria
Guion: Rinel Osoria
Elenco: Paola Jimenez, Ruben Ramos, Henry Rodriguez
Director de fotografía: N/A
Productores: N/A

El amor prohibido entre un joven líder popular y la hija de un narcotraficante que quiere desalojar a los habitantes de un pueblo cuya tierra supuestamente le pertenece. Navarrete es un filme rodado por Rinel Osoria utilizando recursos propios, antes de la implementación de la ley de cine en el país. Junto a un grupo de amigos que se ofrecieron a colaborar sin cobrar, Osoria logró crear un proyecto que refleja la realidad y el espíritu de su comunidad. A pesar de las limitaciones presupuestarias, la película transmite un mensaje sincero y auténtico. Sería beneficioso que se pusiera a disposición del público en YouTube, permitiendo así que más personas puedan disfrutar de esta valiosa obra cinematográfica.

¿YA LA VISTE? SI ____ NO ____

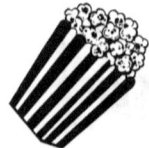
LA SOGA (2009)

Director: Josh Crook
Guion: Manny Perez
**Elenco: Manny Perez, Denise Quiñones, Juan Fernández, Paúl
Calderón, Hemky Madera, Joseph Lyle Taylor, Robinson Aybar,
Alfonso Rodríguez, Jamie Tirelli, Nelson Báez, Carmen Brugal, Mery
Collado, Coco Cabrera, Cruzmonty, Margo Martindale, Jalsen Santana,
Johanny Sosa, Pachy Méndez.**
Director de fotografía: Zeus Morand
**Productores: Adrian Agramonte, Allen Bain, Michael Bassick, José
Miguel Bonetti, Jeff Crook, Josh Crook, Mercedes del Rosario, Caroll
Herrera, Jason Holly, David Morris Kelly, Fernando Luciano, Kate
McClure, Patrick R.Morris, Henry Mu, Manny Pérez, Patrick Pope, Jesse
Scolaro, Ilana Sparrow, Celinés Toribio, Joe Van Wie.**

Un grupo de criminales mata a un carnicero, y su hijo, ahora adulto,
busca venganza por su pérdida. Determinado a acabar con la
corrupción y el crimen, se embarca en una misión para asegurar un
futuro más prometedor para las generaciones venideras.

La Soga es una película que logra entretener al espectador, haciendo
que se olviden de las inconsistencias en su guión y disfruten de la
trama de principio a fin. Hay dos escenas en particular que realmente
aprecio; son tan bien ejecutadas que se quedan grabadas en la
memoria del público. A pesar de sus defectos, el filme ofrece un
deleite cinematográfico que vale la pena experimentar.

¿YA LA VISTE? SI ____ NO ____

CABARETE (2019)

Director: Iván Bordas Butler
Guion: Iván Bordas Butler, Tom Berry, Tony Rettenmaier.
Elenco: Stephane Freiss, Isaac Saviñón, Adeuri Corniel, Lidia Ariza, Bibby Burgos, Eduardo Pereyra, Juan María Almonte, Lucie Debay, Karina Valdez, Ramón Emilio Candelario, Wilson Taveras, Riccardo Bardellino, Mario Pérez, Christina Little, Omar Augusto Luis.
Director de fotografía: Antonio Riestra
Productores: Adriano Bordas, Melanie Aitkenhead, Andrés Bordas, Avi Glick, Iván Herrera, Juan Martínez Vera, Nicole Quiñones, Fernando Rivas, Héctor Valdez, Luis Henríquez Viloria.

Una competencia de kitesurfing es el escenario perfecto para contarnos una historia de superación y valor humano.

La película Cabarete sigue la historia de Somalia, un joven pescador de Puerto Plata que aspira a convertirse en campeón de kite surf. Aunque al principio la trama es lenta, se torna emocionante cuando conoce a Francesca, una francesa que vive en un mundo de lujo. Su relación destaca la dualidad entre sus vidas, mostrando el contraste entre la felicidad y la desilusión. El filme, dirigido por Iván Bordas Butler, se caracteriza por su hermosa cinematografía y el uso efectivo del color para reflejar emociones. Las actuaciones son prometedoras, con un elenco mayoritariamente debutante, destacando la entrega de Adeuri Corniel. Cabarete ofrece una narrativa diferente en el cine dominicano, recordándonos la importancia de la familia y la amistad.

Esta es la clase de cine que debemos imitar.

¿YA LA VISTE? SI ____ NO ____

COMEDIA

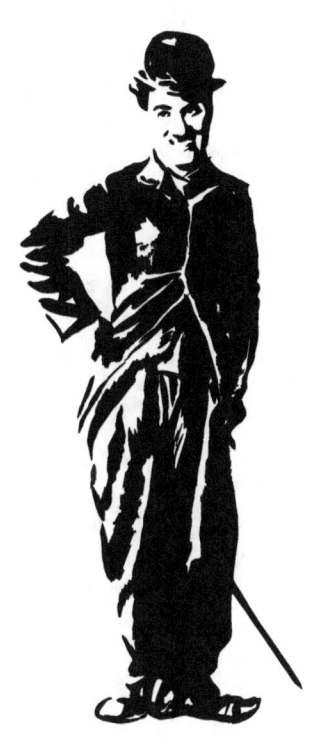

FEO DE DÍA, LINDO DE NOCHE (2012)

Director: Alfonso Rodríguez
Guion: Alfonso Rodríguez
Elenco: Frank Perozo, Fausto Mata, Evelyna Rodríguez, Irvin Alberti, Victoria Fernandez, Kenny Grullon, Yelitza Lora, María Alejandra Guzmán, Carmen Manrique, Caroline Aquino, Domingo Bautista, Albert Mena
Director de fotografía: Peyi Guzmán
Productor: Fernando Luciano

La historia gira en torno a un hombre común y corriente, que no es precisamente un galán, pero que queda fascinado cuando un hechizo lo transforma en un individuo atractivo y elegante que desata su confianza y carisma desde las 8:00 p.m. hasta la medianoche. Una adaptación del cuento de la Cenicienta, llevada al contexto caribeño. Los actores aportan una actuación sólida, rescatando el filme.

¿YA LA VISTE? SI ____ NO ____

MALOS PADRES (2023)

Director: José Ramón Alama
Guion: José Ramón Alama
Elenco: Frank Perozo, Fausto Mata, Pio la Ditingancia, Ana Maria Arias, Pepe Sierra, Laura Díaz, Ovandy Camilo, Alexis Díaz de Villegas, Ramón Emilio Candelario, Anthony Medina, Pamela Sued, El Mayor Clásico.
Director de fotografía: Juan Carlos Gómez
Productores: José Ramón Alama, Vicente Alama, Sarah Pérez Báez, Desirée Díaz Silva, Héctor Valdez.

La película sigue a dos amigos aventureros, Diego y Leo, quienes regresan a su país tras 13 años buscando fortuna, solo para enterarse de la muerte de una mujer cercana que los ha citado para la lectura de su testamento. Allí, descubren que podría haber una herencia en juego, pero también se encuentran con Lito, un niño que no acepta su llegada y que utilizará trampas ingeniosas para intentar espantarlos. Aunque la comedia presenta momentos divertidos y buenas actuaciones, especialmente de Mata y Perozo, la historia carece de coherencia y profundidad en sus conflictos, lo que limita su efectividad. La dirección de José Ramón Alamá sorprende y aporta a la calidad visual del filme, pero la trama en general no logra convencer del todo.

¿YA LA VISTE? SI _____ NO _____

CUANDO TE TOCA (2024)

Director: René Bueno
Guion: Luis Corporán
Elenco: Osvaldo de León, Elizabeth Bojórquez, Evelyna Rodríguez, Dino García, Daniela Luján, Danilo Reynoso, Johanny Sosa.
Director de fotografía: Alberto Lee
Productores: Minoska Castro, Osvaldo de León, Mercedes de la Cruz, Hans García, Marthaloidys Guerrero, Barbarella Pardo, Danilo Reynoso, Evelyna Rodríguez

La película es una comedia romántica narrada en retrospectiva, donde un hombre busca formalizar su vida amorosa y su mejor amigo le organiza una cita a ciegas. A pesar de que la trama se desarrolla en Santiago, República Dominicana, los personajes hablan con acento mexicano, lo cual resulta desconcertante. Sin embargo, la química entre los protagonistas, Osvaldo de León y Evelina Rodríguez, es notable, logrando transmitir tanto la frustración como la chispa romántica. Danilo Reynoso aporta la mayor carga cómica sin caer en lo ridículo, mientras que Daniela Luján destaca en un papel secundario. La dirección de René Bueno muestra un esfuerzo notable en la edición y el manejo de la trama, aunque la fotografía podría mejorarse. En general, es una comedia ligera que ofrece un buen momento. Me sorprendieron, no esperaba nada y me dieron mucho.

¿YA LA VISTE? SI _____ NO _____

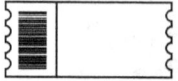

SANKY PANKY (2007)

Director: José Enrique Pintor
Guion: José Enrique Pintor y Juan Manuel Tejada
Elenco: Fausto Mata, Aquiles Correa, Tony Pascual, Zdenka Kalina, Nurín Sanlley, Wason Brazobán, Olga Bucarelly, Franklin Romero Jr, Alina Vargas, Massimo Borghetti, Patricia Banks, Miguel López, El Jeffrey.
Director de fotografía: Elías Acosta
Productor: Milbert Pérez, Franklin Romero Jr, Franklin Romero.

Un hombre acepta un trabajo en un hotel con la esperanza de casarse con una turista, lo que le permitiría obtener una visa para los Estados Unidos. La trama se desarrolla en un entorno que refleja la cultura local y las aspiraciones de quienes buscan mejorar su vida. Aunque la producción es notable y cuenta con elementos visuales atractivos, el guion, mejor trabajado, hubiera logrado un excelente filme.

¿YA LA VISTE? SI ____ NO ____

QUÉ LEÓN (2018)

Director: Frank Perozo
Guion: José Ramón Alama, José A.Paxtor y Frank Perozo
Elenco: Clarissa Molina, Ozuna, Jorge Pabón, Miguel Céspedes, Raymond Pozo, Irvin Alberti, Stephany Liriano, Celinés Toribio, Anyelina Sánchez, Ana María Arias, Candy Flow, Roger Wasserman, Virginia del Sol.
Director de fotografía: Juan Carlos Gómez
Productores: José Ramón Alama, Michael Carrady, Zumaya Cordero, Ana López, David Ferreira, Juan Carlos Ozuna, Gregory Quinn, Kendy Yanoreth.

Que León, cuenta la historia de amor entre Nicole y José Miguel, dos jóvenes que comparten el mismo apellido, León, pero provienen de clases sociales muy diferentes. A pesar de su conexión, sus padres se oponen a dicha relación.

Una historia muy sencilla que, a pesar de su simplicidad, logra un resultado hilarante y lleno de momentos memorables. Los personajes, a través de sus travesuras y situaciones cómicas, mantienen al público riendo de principio a fin. Aunque se realizó una secuela, no logra capturar la esencia y la frescura de lo que se logró en esta entrega original. La primera parte se destaca por su originalidad y humor ingenioso, mientras que la secuela no logra igualar las expectativas ni el impacto que tuvo la película inicial.

¿YA LA VISTE? SI _____ NO _____

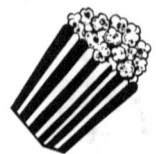

I LOVE BACHATA (2011)

Director: Roberto Ángel Salcedo
Guion: Roberto Ángel Salcedo
Elenco: Roberto Ángel Salcedo, Manolo Ozuna, Fausto Mata, Raeldo López, Colombia Alcántara, Oscar Carrasquillo, Mariel Guerrero, Aquiles Correa, Alan Nadal Piantini, Vlad Sosa, Mía Taveras, Valerie Daniella Hernández, Shailyn Sosa, Katyuska Licairac.
Director de fotografía: Francis Adamez
Productores: Roberto Ángel Salcedo

Tres amigos tienen la oportunidad de formar un grupo de bachata.

Con poco, Robertico, en su cuarto filme, consigue crear una de sus obras más destacadas. La película, filmada completamente en alta definición, promete momentos de amistad, diversión y la búsqueda de un sueño compartido.

¿YA LA VISTE? SI _____ NO _____

POBRES MILLONARIOS (2018)

Director: Roberto Ángel Salcedo
Guion: Roberto Ángel Salcedo
Elenco: Roberto Ángel Salcedo, Diana Filpo, Dalisa Alegría, Gabriela Desangles, Yokasta Diaz, Dianabel Gomez, Alfonso Crisóstomo, Franklin Domínguez, María Fatule, Karla Fatule, Raulito Grisanty, Dotol Nastra, Mary Jerez, Gloribel Pérez.
Director de fotografía: Oliver Mota
Productora: Melissa Castillo Inabel

La película sigue a la familia Morales, quienes derrochan su riqueza hasta que la muerte del patriarca desencadena una crisis económica que les hace enfrentar la dura realidad de la escasez. Aunque el guion de Robertico carece de ritmo y continuidad, incluye chistes sorprendentes que logran sacar risas al público. Si este film fuera un equipo deportivo, a Diana Filpo hay que otorgarle el MVP, ya que es con su actuación que la película logra entrar en el top.

¿YA LA VISTE? SI ____ NO ____

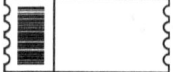

LÍO EN DÓLARES (2014)

Director: Francis "el indio" Disla
Guion: Miguel Alcántara, Robert Cornelio y Reynaldo Disla
Elenco: Fausto Mata, Phillip Rodríguez, Manolo Ozuna, Miguel Alcántara, Raúl Carbonell, Elvis de Jesús, Richard Douglas, Hony Estrella, Raulito Grisanty, Eddy Jiménez, Josell Hernández, Jheimy Durán, Mario Peguero, Jalsen Santana, Fausto Rojas.
Director de fotografía: Francis Adamez
Productores: José Carlos Goma, Eduardo Luna, Yoel Morales, José Manuel Polanco, Jalsen Santana, Freddy Vargas.

Eulogio es un dominicano algo despistado que llega a Estados Unidos engañado, transportando accidentalmente un contrabando de diamantes. Recuerdo la noche en que fui al cine a ver esta película; no tenía muchas expectativas, pero me sorprendió gratamente. La trama ofrece un humor inteligente que me hizo reír y disfrutar cada momento.

¿YA LA VISTE? SI _____ NO _____

LADRONES A DOMICILIO (2008)

Director: Ángel Muñiz
Guion: Ángel Muñiz
Elenco: Manolo Ozuna, Miguel Ángel Martínez, Johanny Sosa, Juan María Almonte, Pericles Mejía, Licelotte Nin, Frank Länder, Salvador Pérez Martínez, Elías Caamano Pérez, Pachy Méndez, Miguel Bucarelly, Rafael Alduey, Soniạ Silvestre, Jean Jean, Billy Martin, Emerson González, Judith Rodríguez Pérez, Mario Núñez.
Director de fotografía: Francisco Adolfo Valdez
Productores: Ángel Muñiz, Jalsen Santana, Alberto Matos Soto, Leticia Tonos.

El profesor universitario Bruno está decidido a sacar adelante a su familia de forma honesta. Es padre de Sandra, quien sueña con conseguir una beca en una reconocida universidad privada. Sin embargo, la misma institución donde él trabaja le comunica que han suspendido los programas de beca. A diario, Bruno debe lidiar con la falta de disciplina y respeto de sus alumnos, especialmente de Rogelio, un joven de familia adinerada que no parece apreciar el esfuerzo que su padre hace por su hija. Con la intención de brindarle a Sandra una mejor educación, Bruno, con la ayuda de su compadre Biembo, acepta un segundo trabajo como chofer en una compañía de transporte de valores.

La película aborda la realidad política dominicana con un enfoque humorístico. Aunque el cine de Muñiz no es mi preferido —pues tiene buenas ideas que, lamentablemente, se desmoronan a mitad de la trama— este film ofrece momentos interesantes.

¿YA LA VISTE? SI ____ NO ____

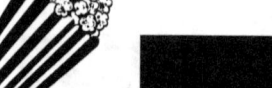

LA MARAVILLA (2019)

Director: David Pagán Mariñez
Guion: José Ramón Alama
Elenco: Frank Perozo, Fausto Mata, Cheddy García, Pio la Ditingancia, Julitza Berberena, Yasser Michelén, Brashell Santos, Luis José Germán, Ana María Arias, Angelique Burgos, Raffy Hdez.
Director de fotografía: Juan Carlos Gómez
Productores: José Ramón Alama, Vicente Alama, Carlos Nido, Sarah Pérez Báez, Héctor Valdez.

La película sigue a dos estafadores de poca monta que engañan a turistas en el viejo San Juan, Puerto Rico. Su vida es una constante lucha por conseguir unos dólares sin ser atrapados por la policía. Un día, reciben la noticia de que han heredado un edificio llamado La Maravilla en Santo Domingo, por lo que viajan a la República Dominicana, donde se encuentran con inquilinos peculiares. Estos, deseando librarse de sus nuevos propietarios, planean deshacerse de ellos, pero la llegada de un personaje inesperado provoca el caos en el edificio. A pesar de algunas situaciones forzadas, la historia mantiene su gracia. Las actuaciones son destacadas, con el niño Yim Maicol brindando una de las mejores actuaciones en el cine dominicano, y Frank Perozo brillando como un personaje gay. La dirección de David Pagán, con una fotografía que combina elementos de film noir y comedia, aporta profesionalismo al proyecto. Una trama sencilla cargada de buenos chistes. La ambientación le dio un toque especial.

¿YA LA VISTE? SI ____ NO ____

NUEBA YOL (1995)

Director: Ángel Muñiz
Guion: Ángel Muñiz
Elenco: Luisito Martí, Raúl Carbonell, Joel García, Alfonso Zayas, Ledesma, Rosalba Rolo, Caridad Ravelo, Rafael Villalona, Rafael Decena, Carlota Carretero, Fermín Suárez, Graciela Más, Rosemary "Boquita" Almonte.
Director de fotografía: Christopher Norr
Productores: Adrian Agramonte, Carlota Carretero, David Cavada Oruna, Rafael Céspedes, Rafael de Marchena, Richard Douglas, Victoria Kluge, William Liriano, Jose Lluberes, Archie López, Luisito Martí, Lawrence Martin, Joseph Medina, Miguel Ángel Muniz, Elías Muñoz, Manuel Pouerie.

El 10 de agosto debe ser declarado el día del cine dominicano. Nueba Yol, estrenada este día de 1995, marcó un hito en el cine dominicano al contar la historia de Balbuena, un personaje que representa al ciudadano común "tíguere" de la República Dominicana. Aunque la película tiene varios errores, su impacto fue significativo, abriendo las puertas a lo que hoy es una industria cinematográfica en crecimiento. Balbuena, se convirtió en un ícono de la comedia dominicana, simbolizando el sueño de muchos dominicanos que buscan mejorar su vida a través de la emigración a otros países. A pesar de no ser una producción perfecta, Nueba Yol captura la esencia de la lucha y las aspiraciones de su gente, convirtiéndola en una obra fundamental en la historia del cine nacional.

¿YA LA VISTE? SI ____ NO ____

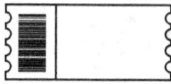

PERICO RIPIAO (2003)

Director: Ángel Muñiz
Guion: Ángel Muñiz y Reynaldo Disla
Elenco: Raymond Pozo, Manolo Ozuna, Phillip Rodríguez, Lumy Lizardo, Kenny Grullón, Fernando Coste, Cenia Rodríguez, Gyana Mella, Richard Douglas, Berenice Aquino, Raquel Ureña, Clara Luz Lozano, Giovanny Cruz.
Director de fotografía: Peyi Guzmán y Ronny Jiménez
Productores: Manuel Corripio, Migue Ángel Muñiz, Ángel Muñiz, Leticia Tonos.

Perico Ripiao narra la historia de tres hombres que, encarcelados por pequeños delitos en la década de los setenta, pasan siete años tras las rejas debido a la burocracia carcelaria. Cuando se les presenta la oportunidad de escapar, utilizan como únicas armas una güira, una tambora y un acordeón. Al huir, buscan reunirse con sus familias. Si bien al analizar cada escena individualmente la película se sostiene bien, al considerarla en su totalidad, no resulta tan impactante como podría parecer. La banda sonora, compuesta por el músico dominicano Pengbian Sang, destaca por incluir música autóctona dominicana. A diferencia de otras producciones contemporáneas que usaban medios digitales, en este filme toda la percusión se grabó en vivo, utilizando acordeones, guitarras y otros instrumentos, lo que le da un carácter distintivo.

¿YA LA VISTE? SI ____ NO ____

DRAMA

LA ISLA ROTA (2018)

Director: Felix German
Guion: Felix German
Elenco: Frank Perozo, Manny Perez, Algenis Perez Soto, Dalisa Alegría, Felix German, Victor Checo, Luis Cruciel, Romelina Corniel, Gregory del Valle.
Director de fotografía: Peyi Guzman
Productores: Pedro Alegria, Luis Arambilet, Reinaldo Bisono Bonelly, Carlos German, Manuela German, Milagros German, Ricky Gluski, Luis Hache, Gilberto Morillo, Gabriel Tineo.

Guy, un niño haitiano, sobrevive a un ataque mientras intenta cruzar a territorio dominicano con sus padres, quienes son asesinados. Criado por una familia dominicana, Guy busca vengar la muerte de sus padres en un entorno marcado por el racismo y el odio. Aunque las primeras partes del Guion son excelentes, la película pierde fuerza en su desenlace, lo que resulta decepcionante. Las actuaciones de Manny Pérez y Frank Perozo destacan, mientras que la dirección de Félix Germán muestra potencial, pero la edición deja mucho que desear. La película aborda un tema delicado, y a pesar de las críticas, su intención de reflexionar sobre la historia y la violencia es valiosa.

Una de las películas dominicanas que más expectativa me creó. El resultado fue un: "Estuvo bien", pero me dejó una sensación de vacío que todavía no se llena.

¿YA LA VISTE? SI ____ NO ____

NO HAY MÁS REMEDIO (2014)

Director: José Enrique Pintor
Guion: Miguel Alcántara, José A.Paxtor y José Enrique Pintor
Elenco: Salvador Pérez Martínez, Ángel Haché, Iván García, Fifi Almonte, Fico Cruz, María Cristina Camilo, Gilberto Hernández, Francis Cruz, Miguel Alcántara, Mario Lebrón, Johnnié Mercedes, Mozart La Para, Hensy Pichardo, Micky Montilla, Lindy Osoria, Omar Ramírez, Manuel Raposo, Johanny Sosa, Elvira Taveras.
Director de fotografía: Francis Adamez
Productores: Ruth Matos, Patricia (Pachy) Ramírez

La trama gira en torno a tres ancianos jubilados, hartos de sus vidas actuales, que deciden llevar a cabo un audaz asalto a una farmacia para intentar mejorar su situación económica y realizar los sueños que han deseado por tanto tiempo. El filme cuenta con un destacado elenco, liderado por los talentosos veteranos Iván García Guerra, Salvador Pérez Martínez y Ángel Haché.

Un filme que nos invita a tomar conciencia sobre nuestros abuelos. Me gustaron las actuaciones de los protagonistas.

¿YA LA VISTE? SI _____ NO _____

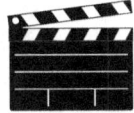
LA LUCHA DE ANA (2012)

Director: Bladimir Abud
Guion: Bladimir Abud y Alfonso Suarez
Elenco: Cheddy García, Esmailyn Morel, Colombia Alcántara, Miguel Ángel Martínez, Pericles Mejía, Karina Noble, Jalsen Santana, Mario Lebrón, Antonio Zamudio, Víctor Checo, Valeria Daniella Hernández, Lewis Castillo, Ángel Dipp, Katyuska Licairac.
Director de fotografía: Raúl Ramón
Productores: Bladimir Abud, Raúl Alarcón Jr, Willy González, Raúl Ramón, Michael Toribio.

La historia sigue a una madre que, impulsada por la desesperación y el dolor, se embarca en una búsqueda incansable de justicia para su hijo.

Aunque la premisa prometía, el desenlace no cumplió con todas las expectativas. Un esfuerzo de equipo notable y aprecié la intención.

Destaca la actuación de Cheddy García, quien encarna a Ana, sorprendiéndonos con una interpretación convincente que contrasta con su conocida faceta como comediante.

¿YA LA VISTE? SI ____ NO ____

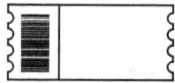

CONVIVENCIA (2023)

Director: José Gómez de Vargas
Guion: Tony Gómez Guzmán
Elenco: Francis Cruz, Pachy Méndez, Ángela Bernal, Gerardo Mercedes "El cuervo", Roger Wasserman, Mario Núñez, Niurka Mota, Karina Valdez, Ruth Emeterio, Ulises Gutiérrez, José Luis Rodríguez.
Director de fotografía: Oliver Mota
Productores: José Gómez de Vargas, Tony Gómez Guzmán, David Pérez.

Un crimen ha sido cometido y varios sospechosos son interrogados. Sin salir de la sala de interrogación, se nos presenta en detalle a cada uno de los personajes. La trama me pareció interesante, aunque careció de la intensidad necesaria. Sin embargo, el giro final es efectivo y sorprendente.

¿YA LA VISTE? SI ____ NO ____

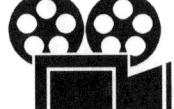
PRIMERO DE ENERO (2014)

Director: Erika Bagnarello
Guion: Erika Bagnarello
Elenco: Víctor José Pintor, Paula Ferry, Ximena Duque, Héctor Soberón, Hemky Madera, Mario Peguero, Julietta Rodríguez, Manuel Chapuseaux, Dominique Telemaque.
Director de fotografía: Mario Araya
Productores: José Miguel Bonetti, Julio Caro, Franziska Köslin, Eduardo Najri, María José Ripoll, Jochi Vicente, Kendy Yanoreth.

Encontrar el piano de su padre es el motivo por el que un niño y sus amigos van a iniciar un viaje por el país para recuperar el instrumento. Un filme muy bien narrado y buena dirección de los actores infantiles, un punto que siempre ha sido débil en el cine dominicano.

¿YA LA VISTE? SI ____ NO ____

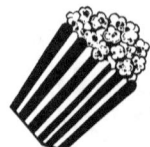
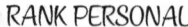

EL TENIENTE AMADO (2013)

Director: Félix Limardo
Guion: Huchi Lora
Elenco: Amaury Nolasco, Efraín Figueroa, Mercedes López Renard, Antonio Jaramillo, Enrique Castillo, Orestes Amador, Giovanny Cruz, Elías Caamano Pérez, Brett Stimely, Ben Cornish, Liche Ariza, Ivonne Beras Goico, Josué Guerrero, Benjamín García, Augusto Feria, Mario Lebrón.
Director de fotografía: Peter Mackay
Productores: Fernando Antonio Gómez, Félix Limardo, Huchi Lora, Gabriel Tineo.

En los últimos días de la dictadura de Trujillo, un grupo de militares se reúne en la galería de uno de ellos para planear el asesinato del dictador. Con la ayuda del Teniente Amado, buscan poner fin a más de 30 años de abusos y maltratos. La trama se enriquece con un romance prohibido, un tipo malvado que intenta obstaculizar al héroe y anécdotas de la época. La historia es muy interesante, pero fue arruinada por los actores extranjeros que nunca supieron quitarse el acento a la hora de hacernos creer que eran dominicanos. El guion, elaborado por el periodista Huchi Lora, destaca por su enfoque de un momento crucial de la historia dominicana.

¿YA LA VISTE? SI _____ NO _____

YUNIOL (2007)

Director: Alfonso Rodríguez
Guion: Alfonso Rodríguez
Elenco: Shalim Ortiz, Frank Perozo, Hemky Madera, Milly Quezada, Sharlene Taulé, Miguel Alcántara, Nashla Bogaert, Charityn Goico, Cuquín Victoria, René Castillo, Danilo Reynoso, Betty Jerónimo.
Director de fotografía: Eduardo Fierro
Productores: José Miguel Bonetti y Kendy Yanoreth

Gracias a una beca, Juan Pérez, conocido como "Yuniol," logra acceder a la misma universidad que su compañero Juan Alberto Ríos, a quien sus amigos apodan "Junior." A pesar de sus marcadas diferencias en clases sociales y condiciones de vida, entre ambos florece una profunda amistad que desafía las barreras que los separan. El cine de Alfonso debió seguir el camino de esta película, que tiene muchos problemas de Guion, continuidad, técnicos, pero es mucho mejor que lo hecho después.

¿YA LA VISTE? SI ____ NO ____

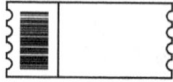

FLOR DE AZÚCAR (2016)

Director: Fernando Báez Mella
Guion: Fernando Báez Mella
Elenco: Héctor Aníbal, Julietta Rodríguez, Vladimir Acevedo, Christian Álvarez, Mario Lebrón, Víctor Checo, Waldo de la Mota, Karoline Becker, Francis Cruz, Camila Santana, Danilo Reynoso, Carasaf Sánchez, James Saintil, Omar Ramírez, Akhuarella Mercedes.
Director de fotografía: Claudio Chea
Productores: Fernando Báez Mella, Maria Cordero, Sarah Pérez Báez

El cine dominicano tiene un gran potencial en la literatura, y Fernando Báez adapta el cuento de Juan Bosch, "La nochebuena de Encarnación Mendoza," llevándolo a la pantalla. La historia sigue a Samuel Mendoza, quien vive en paz en una zona rural hasta que debe huir por su vida. La narrativa en retrospectiva puede distraer y dificultar el seguimiento. Las actuaciones de Héctor Aníbal y James Saintil son destacables. La dirección de Báez es visualmente impresionante, con una fotografía digna de premios, aunque el vestuario y la música son poco apropiados. En general, el filme presenta un enfoque arriesgado y diferente al cine convencional.

¿YA LA VISTE? SI _____ NO _____

EL REY DE NAJAYO (2012)

Director: Fernando Báez Mella
Guion: Fernando Báez Mella y Franklin Soto
Elenco: Manny Pérez, Luz García, Sergio Carlo, Juan María Almonte, Christian Alvarez, Claudette Lali, Sócrates Montas, Vladimir Acevedo, Rafael Estephan, Giovanny Cruz, Zamantha Díaz, Oscar Carrasquillo, Lewis Castillo.
Director de fotografía: Fernando Báez Mella y Peyi Guzmán
Productores: Agustín, Bianca Alarcón, David Collado, Robert J.Haber, Alberto Miyar, Constantino Miyar, Sarah Pérez Báez, Javier Tejada, Michael Toribio, Emil Ysona.

Biopic no oficial de uno de los mayores narcos dominicano.

Un niño presencia la muerte de su padre a manos de militares tras entregar una paca de drogas que encontró en el mar. Esta sed de venganza lo transforma en un poderoso narcotraficante, decidido a eliminar a los responsables de la muerte de su padre, incluyendo a su mejor amigo de la infancia. Sin embargo, a lo largo de su vida, conoce a Laura, quien también fue víctima del negocio de las drogas. A diferencia de él, Laura elige ayudar a los necesitados en su lucha contra este flagelo.

Un drama que prometía bastante y cuyo resultado no fue tan impactante.

¿YA LA VISTE? SI ____ NO ____

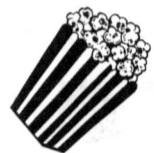

LA CÁRCEL DE LA VICTORIA: EL CUARTO HOMBRE (2004)

Director: José Enrique Pintor
Guion: José Enrique Pintor
Elenco: Paco Luque, Richard Douglas, Luchy Estévez, Jean Jean, Mario Núñez, Ramsés Cairo, Augusto Feria, Miguel Bucarelly, Waldo de la Mota, Frank Lendor, Julio Mota, Fausto Cepeda, Rafael Ramírez.
Director de fotografía: Claudio Chea
Productores: Carlos Germán, Mario Pérez, Lorena Reyes, Albert Xavier.

Alberto es un español casado con una dominicana, y juntos tienen un hijo de cinco años. Un día, su vida se ve devastada cuando el niño es asesinado por un asaltante. Frustrado por la confusión que rodea el crimen, Alberto decide infiltrarse en la cárcel de La Victoria para encontrar al asesino y vengar la muerte de su hijo. Sin embargo, sus planes se ven alterados de manera inesperada al entrar en prisión.

Un drama carcelario que en su primera hora es muy intenso, pero ya con el cierre tiran todo lo bueno por la borda. El final es de lo peor que se pudieron imaginar.

¿YA LA VISTE? SI ____ NO ____

EL BLANCO (2021)

Director: Alejandro Andújar
Guion: Alejandro Andújar
Elenco: Ettore D'Alessandro, Alexis Luciano, Gerardo Mercedes "El Cuervo", Judith Rodríguez Pérez, Alberto Samboy, Karina Valdez.
Director de fotografía: Pedro Juan López
Productores: Ettore D'Alessandro, Carolina Encarnación, Albert Martínez Martín, Rafael Elías Muñoz.

En un inhóspito rincón de la República Dominicana, se desarrolla la historia de Génesis, quien está destinada a casarse con Sandro, conocido como El Blanco. Mientras ella busca escapar de esta situación, él se muestra satisfecho con su nueva "presa". La llegada de Mariela desata una serie de conflictos.

Con una producción impresionante y buena dirección, pero el Guion no me quedó del todo claro. Lo mejor como actor de Ettore D'Alessandro.

¿YA LA VISTE? SI ____ NO ____

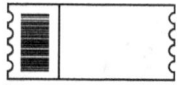

HOTEL COPPELIA (2021)

Director: José María Cabral
Guion: Penélope Adames y José María Cabral
Elenco: Nashla Bogaert, Lumi Lizardo, Jazz Vila, Nick Searcy, Antonio Melenciano, Madison Díaz, Cyndie Lundy, Camila Santana, Lía Briones, Ruth Emeterio, John Kutrzeba, Patricio Jiménez, Jeru Sánchez, Mario Cersósimo, Leony Done, Fico Cruz, Alejandro Durán, Benny Hiraldo, Raúl Plácido, Ruairi Rhodes.
Director de fotografía: Hernán Herrera
Productores: Albert Martínez Martín, Rafael Elías Muñoz, Leticia Tonos.

La película se sitúa en el Santo Domingo de abril de 1965, donde un grupo de mujeres trabajadoras sexuales enfrenta una realidad caótica en medio de la revolución por el regreso del presidente Juan Bosch.

Aprecio las actuaciones del elenco, especialmente de Nashla Bogaert y Lumi Lizardo, quienes se entregan a sus roles con gran profesionalismo. Por otro lado, la dirección de José María Cabral demuestra su compromiso con el proyecto. Me gusta el cine de este joven director.

Un drama bélico que cuenta con una buena producción y actuaciones muy bien logradas.

¿YA LA VISTE? SI _____ NO _____

DANNY 45 (2022)

Director: Gilbert de la Rosa
Guion: Gilbert de la Rosa
Elenco: Ramón Emilio Candelario, Jalsen Santana, Antonio Melenciano, Miguel Lendor, Canario Joseph, José Cruz, Miguel Ángel Martinez, Vladimir Acevedo, Enrique Cabrera, Emerson González, Danny Fernández.
Director de fotografía: Francis Adamez y Juan Gómez
Productores: Fede Alonso, Francis "el indio" Disla, Johanna Luna, Raúl Sabino.

La trama sigue la vida de un delincuente juvenil del sector de Los Mina, en Santo Domingo Este, que se encuentra en la cúspide de su carrera criminal en la década de 1990. A punto de convertirse en una leyenda del bajo mundo, Danny se establece como el "control" de negocios turbios, manteniendo relaciones con autoridades corruptas que le permiten operar con impunidad. Además, se forja una reputación como el 'terror' de la famosa cárcel de La Victoria, lo que añade una dimensión oscura y cautivadora a su historia.

En su proyección en el Festival de Cine Global, tenían pactado pasarla en una sala, tuvieron que habilitar otra debido a la afluencia del público. Una película cruda, difícil de ver. Me gustó el enfoque que le dieron.

¿YA LA VISTE? SI ____ NO ____

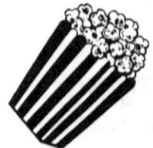
HERMAFRODITA (2009)

Director: Albert Xavier
Guion: Sheila Grullón, Fernando Santos Díaz y Albert Xavier
Elenco: Marilú Acosta, Isabel Polanco, Daniel Acosta, Amarfi Aquino, Olga Bucarelli, Alberto Suazo Brea, Jean Jean, Shantel Ciprián, Francisco Peña, Yinette A.Mejía, Francelys Patrocino, Hensy Pichardo.
Director de fotografía: Elías Acosta
Productores: Leah Bernstein, Amarfi Peralta Domínguez, Terence Gordon, Julián Javier, Pedro J.López, Albert Xavier, Yuk-Kit Yuen.

La película dominicana "Hermafrodita", dirigida por Albert Xavier, fue reconocida internacionalmente, ganando el Premio del Público y el de Mejor Película en el festival de San Juan en 2009, además de obtener el segundo lugar como la más popular en el Chicago Latino International Film Festival ese mismo año. También fue la encargada de clausurar la Muestra Internacional de Cine de Santo Domingo.

Rodada en Ocoa, "Hermafrodita" está inspirada en hechos reales y aborda la compleja realidad de las personas que nacen con doble sexo. Un filme atrevido que toca un tema tabú en nuestra sociedad. Las actuaciones de las protagonistas son para aplaudir.

¿YA LA VISTE? SI _____ NO _____

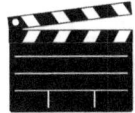
DÓLARES DE ARENA (2014)

Director: Israel Cárdenas y Laura Amelia Guzman
Guion: Israel Cárdenas y Laura Amelia Guzmán basados en la novela
de Jean-Noel Pancrazi
Elenco: Geraldine Chaplin, Yanet Mojica, Ricardo Ariel Toribio,
Bernard Bizel, María Gabriella Bonetti, Yanmarco King Encarnación,
Hoyt Rogers, Ramón Cordero.
Director de fotografía: Israel Cárdenas y Jaime Guerra
Productores: Pablo Cruz, Benjamín Domenech, Santiago Gallelli, Linel
Hernández, Desirée Reyes, Matías Roveda, Gabriel Tineo.

Noelí, una joven dominicana, visita cada tarde las playas de Las Terrenas con su pareja, buscando oportunidades para ganar dinero de los turistas. Entre sus clientes, destaca Anne, una francesa madura que ha encontrado en la isla su refugio. El novio de Noelí se presenta como su hermano y planea que ella viaje a París con Anne, enviándole dinero mensualmente. Aunque su relación con Anne comienza como un acuerdo conveniente, los sentimientos de Noelí se complican.

Aunque no es mi película favorita de Israel y Laura, debo reconocer que es una buena película rodada con el mejor de los criterios cinematográficos.

¿YA LA VISTE? SI ____ NO ____

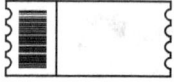

LA HIJA NATURAL (2011)

Director: Leticia Tonos
Guion: Leticia Tonos
Elenco: Julietta Rodríguez, Víctor Checo, Gastner Legerme, Frank Perozo, Kalent Zaiz, Juan Carlos Muñoz, Maggy Liranzo, Ramona Liriano, Andrés Ramos, Dionis Rufino, Jochy Santos, Luis Bryan Mesa, Héctor Sierra, Antonio Melenciano, Nairely Masiel Brea Cabrera.
Director de fotografía: Sonnel Velásquez
Productores: Sonia Fritz, Frances Lausell, Zunilda Paniagua, Leticia Tonos.

Tras la muerte inesperada de su madre, María se embarca en la búsqueda de su padre, en un viaje que la enfrenta con los fantasmas de su pasado. Un filme cuyo Guion une lo mágico y lo religioso. La primera parte del film me encantó. Confieso que es a mitad del segundo acto donde hay un giro que no me quedó del todo claro.

¿YA LA VISTE? SI _____ NO _____

CRISTO REY (2013)

Director: Leticia Tonos
Guion: Alejandro Andújar y Leticia Tonos
Elenco: Akari Endo, James Saintil, Jalsen Santana, Yasser Michelén, Frank Perozo, Salvador Pérez Martínez, Marie Michelle Bazile, Moisés Trinidad, Arturo López, Carasaf Sánchez, Omar Augusto Luis, Leonardo Vásquez.
Director de fotografía: Kika Ungaro
Productores: Elisabeth Bocquet, Che Castellanos, Joan Giacinti, Sergio Gobbi, Leo Proano.

Dos medio hermanos, uno de origen dominicano y otro de origen haitiano, entran en conflicto al enamorarse de la misma mujer.

Cristo Rey fue el último estreno del cine dominicano en el año 2013, marcando la segunda obra de la directora Leticia Tonos, tras su primera película, La Hija Natural. Es un drama intenso, muy bien rodado, en el que los actores cautivan y logran que nos identifiquemos con ellos en cada escena.

¿YA LA VISTE? SI ____ NO ____

103

MIS 500 LOCOS (2020)

Director: Leticia Tonos
Guion: Lenin Comprés, Waddys Jáquez basados en la novela de Antonio Zaglul.
Elenco: Luis José Germán, Jane Santos, Pavel Marcano, Ico Abréu, Lía Chapman, Elvira Taveras, Rick Montero, Minerva Flores, Oscar Carrasquillo, Manuel Raposo, Camila Santana, Dionis Rufino, Vicente Santos, Erlyn Saúl, Giovanny Cruz, Cheska Alcántara, José Cruz, Hensy Pichardo.
Director de fotografía: Luis Enrique Carrión
Productores: Eugenio Hidalgo, Joaquín Alfredo Labour-Acosta, Albert Martínez Martín, Rafael Elías Muñoz, Marcos E.Peña, Julissa Reynoso, Leticia Tonos.

Cuando supe que se rodaría una adaptación de la novela de Zaglul, dirigida por Leticia Tonos, mi emoción creció.

El Guion narra la llegada del Doctor Antonio Zaglul al hospital psiquiátrico de Nigua en la década de 1950, donde intenta cambiar los abusivos métodos de tratamiento. Las actuaciones son destacadas, con Luis José Germán como Zaglul y Jane Santos como una paciente enigmática. Vicente Santos y Mario Lebrón también brillan en sus roles. Leticia Tonos muestra su talento en la dirección, destacando en fotografía, música y vestuario, lo que hace de este filme su mejor trabajo hasta ahora. Un filme de época que con sus limitantes nos cuenta una historia interesante. Ganadora de mejor película en el Peachtree Village International Film Festival en el 2020.

¿YA LA VISTE? SI _____ NO _____

JAQUE MATE (2012)

Director: José María Cabral
Guion: José María Cabral y César León
Elenco: Frank Perozo, Adrian Más, Ico Abréu, Evelyna Rodríguez, Sergio Carlo, Johnnié Mercedes, Marcos Bonetti, Olga Bucarelli, Luis Manuel Aguiló, Luis Nova, Alfonso Rodríguez, Sharlene Taulé.
Director de fotografía: Hernán Herrera
Productores: José Miguel Bonetti, Mila Ramírez, Alfonso Rodríguez, Kendy Yanoreth.

La trama gira en torno a David Hernández, un conocido presentador de televisión cuya vida se desmorona cuando un televidente hace una impactante llamada para informarle que ha secuestrado a su esposa e hijo. Este inquietante giro desencadena una serie de eventos en los que David se ve obligado a seguir las órdenes del secuestrador para garantizar la seguridad de su familia. A medida que se desarrolla la historia, David se encuentra atrapado en un juego de alto riesgo que lo obliga a revelar secretos profundamente guardados ante su audiencia. Una de las películas más intensas en nuestro cine. Le faltó por lo menos tres historias alternas para evitar tanto relleno.

¿YA LA VISTE? SI ____ NO ____

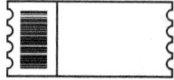

LA FIERA Y LA FIESTA (2019)

Director: Israel Cárdenas y Laura Amelia Guzmán
Guion: Israel Cárdenas y Laura Amelia Guzmán
Elenco: Geraldine Chaplin, Udo Kier, Luis Ospina, Jackie Ludueña Koslovitch, Maria Emilia Garcia, Fifi Poulakidas, Micky Montilla, Oscar Chabebe, Jaime Piña, Paul Bertolini, Jeradin Asencio, Carmelo Pérez.
Director de fotografía: Israel Cárdenas
Productores: Marcela Arenas, Nicolás Celís, Israel Cárdenas, Benjamín Domenech, Santiago Gallelli, Laura Amelia Guzmán, Camila Grisolia, Albert Martínez Martín, Rafael Elías Muñoz, Matías Roveda, Sandino Saravia Vinay, Gabriel Tineo.

No es solo una película, sino un emotivo homenaje póstumo de esta talentosa pareja de cineastas. Si hay alguien que puede rendir tributo a la obra de Jean Louis Jorge, son Israel y Laura Amelia. Esta película fue seleccionada oficialmente en la sección Panorama del Festival Internacional de Cine de Berlín (Berlinale) 2019, donde logró cautivar tanto al público como a la crítica.

¿YA LA VISTE? SI ____ NO ____

SAMBÁ (2017)

Director: Israel Cárdenas y Laura Amelia Guzmán
Guión: Ettore D'Alessandro y Carolina Encarnación
Elenco: Laura Gómez, Algenis Pérez Soto, Ettore D'Alessandro,
Jalsen Santana, Gerardo Mercedes, "el cuervo", Omar Augusto Luis,
Ricardo Ariel Toribio, Omar de la Cruz, Oscar Carrasquillo, Joan
Guzmán, Riccardo Bardellino, Héctor Sierra, Karina Valdez, Eduardo
de Pablo, Reynaldo Acevedo.
Director de fotografía: Andrei Bowden Schwartz
Productores: Alessandro Buono, Ettore D'Alessandro, Carolina
Encarnación, Yuneidys Lachapell Camilo, Esteban Martín, Héctor
Javier Trombin.

El filme presenta a Francisco, quien regresa a su país tras cumplir quince años en una prisión estadounidense. Al encontrar todo cambiado y a su familia casi irreconocible, busca un nuevo comienzo a través del boxeo, aunque su edad juega en su contra. Por otro lado, Nicchi, un exboxeador italiano, intenta dejar atrás su oscuro pasado en Santo Domingo, pero se ve envuelto en apuestas ilegales. La tercera historia sigue a Leury, un adolescente que, junto a su amigo Pintu, asaltan a transeúntes en las calles. Las vidas de estos tres personajes están interconectadas, llevándolos a buscar redención. El elenco ofrece actuaciones excepcionales, mientras que Laura Gómez brilla en un papel atrevido. La dirección se destaca por su atención al detalle y estética visual. La banda sonora, variada y bien integrada, complementa perfectamente cada escena. Las secuencias de boxeo son tan realistas que el espectador siente la intensidad de cada golpe. Cuando la vi en el año de su estreno, escribí en mi blog: "con películas como esta, el cine dominicano muestra un camino prometedor".

¿YA LA VISTE? SI ____ NO ____

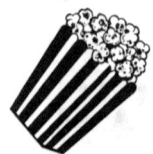

15 HORAS (2021)

Director: Judith Colell
Guion: Cira Valiño
Elenco: Sterlyn Ramírez, Marc Clotet, Lidia Ariza, Stephany Liriano, Omar Patín, Manuel Raposo, Chabela Estrella de Bisonó, Andrés Curberlo, Félix Germán, Danilo Rodríguez, Sara Amelie Rodríguez, Katherine Montes.
Director de fotografía: Micaela Cajahuaringa
Productores: Ivette Bautista, Félix M.García Castellanos, David Ferreira, Carlos Germán, Inés Molina, Sterlyn Ramírez.

Aura, es la esposa de Manuel, un director de música clásica que ha abusado de ella física y mentalmente durante años. La película aborda la dura realidad del abuso marital, resaltando cómo los allegados suelen evitar intervenir en lo que consideran "pleitos de marido y mujer", una mentalidad que ha llevado a muchas mujeres a la muerte.

La trama se desarrolla de manera sutil, pero el desenlace me parece flojo y poco claro, a pesar de que se retratan eventos representativos de la realidad dominicana. Judith Colell, la directora española, logra captar la atención con su uso de tomas visuales impactantes que refleja el estado emocional de Aura.

Un tema que azota nuestra sociedad llevado a la pantalla grande de forma seria y coherente.

¿YA LA VISTE? SI ____ NO ____

A ORILLAS DEL MAR (2016)

Director: Bladimir Abud
Guion: Bladimir Abud, Maikel Rodríguez Ponjuán y Alfonso Suárez
Elenco: Sonny Kelly, Teo Terrero, Cheddy García, Lidia Ariza, Luis Minervino, Basilio Nova, Migue Ángel Martínez, Richard Douglas, Antonio Melenciano, Esmaylin Morel, Geovanny Jerez.
Director de fotografía: Ángelo Panetta
Productores: Bladimir Abud, Javier Bermúdez, Melisa Fuentes, Willy González, Massiel Taveras, Gabriel Tineo.

A orillas del mar, de Bladimir Abud, el director detrás de La Lucha de Ana (2012) y Los Súper (2013), nos presenta un drama inspirado en hechos reales.

La historia sigue a Pedro, un niño de un pequeño pueblo pesquero que cree que su padre está perdido en el mar. Esta búsqueda transformará su vida.

La fotografía y la edición son impresionantes, y el tema que aborda es cautivador. Un drama social que nos toca a diario pero muchos preferimos ignorar. Es lo mejor de Bladimir Abud.

¿YA LA VISTE? SI ____ NO ____

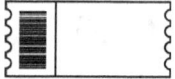

ALGÚN LUGAR (2015)

Director: Guillermo Zouain
Guion: Wendy Muniz y Guillermo Zouain
Elenco: Arnold Martinez, Javier Grullón, Vic Morey, Pachy Méndez, Cheddy Garcia, Ramón Emilio Candelario, Jalsen Santana, Vlad Sosa, Mario Núñez, Manolo Ozuna.
Director de fotografía: Sebastián Cabrera Chelin
Productores: Fabiola de la Rosa, Andrés Farias, Wendy Muñiz, Miguel Ángel Muñiz, Gissel Rosario, Guillermo Zouain, Héctor Then.

Un viaje de fin de curso de tres adolescentes nos llevará a descubrir rincones de la isla que nunca imaginamos que existieran. Este filme, perteneciente al género de "road movie", tiene sus raíces en Estados Unidos, inspirado por el libro On the Road de Jack Kerouac. Considerada como la obra que marca el inicio de este estilo en el cine, Easy Rider, con Dennis Hopper es un referente del género. Este tipo de películas se centra en relatos que giran en torno a un viaje con un propósito específico, explorando las complejidades de la vida a medida que los personajes recorren la carretera.

¿YA LA VISTE? SI ___ NO ___

VERDE (2020)

Director: Alfonso Morgan-Terrero
Guion: Alfonso Morgan-Terrero
Elenco: Alfonso Morgan-Terrero, María Liberato, Luis Ernesto Contrera Batista, Yovani Polanco, Zuleica Yadira Peralta, Anyi Camila Santos Sosa, Grismairy Estévez Cruz, Olibio Sánchez, Soranyi Yuliana Grullón, Yuri Amelfi Núñez Álvarez, A.C.Black, Julio Lidiano Medina, Andres Peralta Gomez.
Director de fotografía: Kevin Xian Ming Yu
Productores: Harrison Allen, Norman Altman, Ori Chevio, Ben Heintz, Alfonso Morgan-Terrero, Madeleine Schumacher.

Cuando se tienen conceptos cinematográficos bien definidos, no hace falta un gran presupuesto, aquí Alfonso Morgan-Terrero lo demuestra con un filme maravilloso que debió ser llevado a los cines del país. Narra la historia de tres jóvenes de Dajabón que roban un campamento minero y en el hecho, asesinan accidentalmente a un hombre. Una historia sencilla y compleja al mismo tiempo, filmada en tomas largas y con diálogos espontáneos.

¿YA LA VISTE? SI ____ NO ____

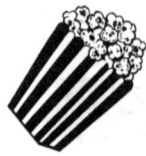
PEREJIL (2022)

Director: José María Cabral
Guion: Arturo Arango, José María Cabral y Nurielis Duarte
Elenco: Cyndie Lundy, Ramón Emilio Candelario, Vladimir Acevedo,
Lía Briones, Madison Díaz, Andy Frestner, Canario Joseph, Cynthia
Guzmán, Pavel Marcano, Juan María Almonte, Víctor Checo, Raúl
Plácido, Gerardo Mercedes, "el cuervo", Toussaint Merionne, Eliseo
Antonio Paredes, Paloma Palacios, Atabeyra Encarnación.
Director de fotografía: Hernán Herrera
Productores: Jimmy Jean-Louis, Albert Martínez Martín, Rafael Elías
Muñoz.

En 1937, el dictador dominicano Rafael Trujillo llevó a cabo un genocidio que aún avergüenza a muchos dominicanos. La película narra un episodio de este horror a través de una pareja mixta: ella haitiana y él dominicano, ella embarazada. Los soldados desatan una matanza en su aldea, donde solo se salva quien pronuncia correctamente "perejil."

Aunque el filme comienza bien, el desenlace no satisface del todo.

Las actuaciones son sólidas, especialmente la de Ramón Emilio Candelario, pero el uso del lenguaje en los personajes no refleja adecuadamente el contexto. A pesar de los errores, la trama mantiene el interés. En general, muy buen filme. Y aunque moleste a algunos, es parte de nuestra historia.

¿YA LA VISTE? SI ____ NO ____

INSULAR (2024)

Director: Héctor Valdez
Guion: José Ramón Alama, Luis Martín Gómez y Alejandro Andújar
Elenco: Alexis Díaz de Villegas, Perla Vásquez, Paloma Palacios, James Saintil.
Director de fotografía: Sebastián Cabrera Chelín
Productores: José Ramón Alama, Vicente Alama, Fior de Valdez, Sarah Pérez Báez, Héctor Valdez, Marcela Victoria.

Insular, una adaptación libre del cuento "La Isla" de Luis Martín Gómez, explora la migración ilegal a través de la historia de un hombre varado en una isla tras un naufragio durante un viaje clandestino desde la República Dominicana hacia Puerto Rico. Con un estilo minimalista y casi sin diálogos, la narrativa se desarrolla de manera pausada, utilizando planos largos y colores caribeños para evocar la soledad del protagonista. Este filme debiera estar en una posición más alta, pero hay un par de interrogantes que quisiera escuchar las respuestas de los guionistas antes de definir una postura radical. En su favor debo decir que es una producción de primer nivel.

¿YA LA VISTE? SI ____ NO ____

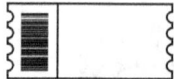
CARPINTEROS (2017)

Director: José María Cabral
Guion: José María Cabral
Elenco: Jean Jean, Ramón Emilio Candelario, Judith Rodríguez Pérez, José Cruz, Karina Valdez, Carlota Carretero, Orestes Amador, Manuel Raposo, Mario Núñez, Ruth Matos, Toussaint Merionne, Cape Ramírez.
Director de fotografía: Hernán Herrera
Productores: José María Cabral y María José Ripoll

Las cárceles dominicanas (y casi en toda Latinoamérica), son infiernos en la tierra, aquí nos presentan la realidad de unos internos que buscan sobrevivir cada día. El film narra la historia de un nuevo recluso en la cárcel de Najayo, quien descubre un lenguaje de señas que los presos utilizan para comunicarse con las internas de la cárcel de mujeres. Así, conoce a Yanelly, esposa de un peligroso recluso. Aunque la película comienza lenta y el segundo acto parece extenderse innecesariamente, mantiene la trama interesante y culmina de manera magistral. En cuanto a las actuaciones, los actores menos conocidos sorprenden gratamente, destacando Ramón Emilio Candelario como un personaje intimidante y Judith Rodríguez Pérez, quien ofrece una actuación excepcional. La dirección de José María Cabral marca un nuevo comienzo, destacando dos planos secuencia notables y una ambientación que evoca un realismo tenebroso. La entrada a la cárcel se siente como abrir las puertas del infierno, comparable a escenas de películas como Sicario (2015).

¿YA LA VISTE? SI _____ NO _____

EL PROYECCIONISTA (2019)

Director: José María Cabral
Guion: José María Cabral
Elenco: Félix Germán, Cindy Galán, Lía Briones, Francis Cruz, Ramón Emilio Candelario, Álvaro Guzmán, María Castillo, Ana María Arias, Pachy Méndez, Pavel Marcano, Gerardo Mercedes, "el cuervo", José Cruz, Héctor Sierra, Tony Sanz, Teo Terrero, Frank Perozo(voz).
Director de fotografía: Hernán Herrera
Productores: Juan Basanta, José María Cabral, Fernando E.Medina, Fernando Rivas.

Un hombre solitario, obsesionado con una mujer capturada en celuloide, recorre pueblos remotos del sur llevando su equipo para proyectar películas. Aunque el filme comienza lento, su historia gana fuerza, revelando a sus personajes de manera cautivadora, como en una buena road movie. Cabral introduce giros inspirados en la mitología griega, sorprendiendo incluso cuando la trama se vuelve predecible. El Guion es arriesgado y desafiante, ofreciendo un tipo de cine que no es para todos. Félix Germán protagoniza magistralmente, aunque Cindy Galán se roba el protagonismo con su interpretación natural y convincente. Lía Briones también destaca con un personaje único, mientras Gerardo Mercedes aporta solidez en un rol secundario. La dirección de José María Cabral es detallista, con cuidadosa fotografía y evocaciones del cinemascope, logrando nostalgia por el cine clásico. Aunque algunos cortes de edición rompen un poco la experiencia, el filme se percibe como un homenaje apasionado a las películas de antaño. Un homenaje criollo a todos los que amamos el cine.

¿YA LA VISTE? SI ____ NO ____

EN TU PIEL (2018)

Director: Matías Bize
Guion: Julio Rojas
Elenco: Eva Arias, Josué Guerrero
Director de fotografía: Arnaldo Rodríguez
Productores: Elsa Turull de Alma y Che Castellanos

Un remake del film chileno "En La Cama" (2005) del mismo Matías Bize. Eva Arias y Josué Guerrero se entregan en cuerpo y alma a sus personajes, un trabajo para ponernos de pie y aplaudir. La película cuenta la historia a través de flashbacks, donde cada escena funciona como pieza de un rompecabezas, revelando poco a poco la situación de los protagonistas. Logra mantener al espectador cautivado durante toda la duración, apoyándose en un Guion sólido y emocionante para sostener la narrativa con solo dos actores. Eva destaca con un desempeño magistral y natural, aportando un realismo memorable a su personaje. Por otro lado, Josué, aunque no exento de críticas pasadas, realiza una interpretación notable. La dirección de Matías Bize brilla por su profesionalismo, aprovechando los primeros planos para añadir una belleza memorable a cada escena. Con excelente fotografía, música, y edición, la película representa dignamente al cine nacional.

¿YA LA VISTE? SI ____ NO ____

MIS TOP
20

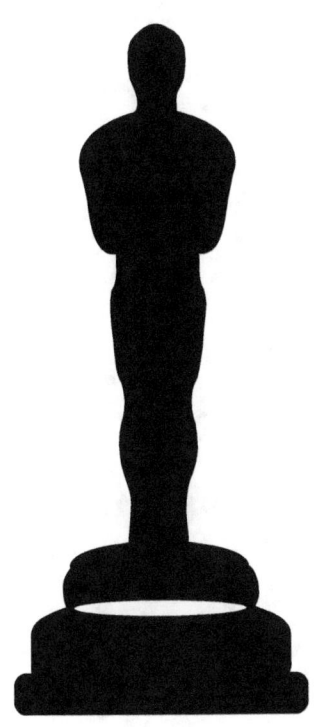

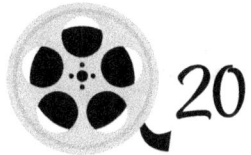

20

LA FAMILIA REYNA (2015)

Director: Tito Rodríguez
Guion: Carlos Quezada
Elenco: David Maler, Danilo Reynoso, Adalgisa Pantaleón, Cuquín Victoria, Mario Núñez, Luis del Valle, Carlos Quezada, Carasaf Sánchez, Evelyna Rodríguez, Leidy Peña.
Director de fotografía: Francis Adamez
Productores: Remberto Díaz, Luis Hidalgo, Franmiris Lombert, Cristian Mojica, Wilson Paulino, Danilo Reynoso, Kosaky Suberví.
Género: Drama

El retorno del hijo pródigo revive viejas heridas que estaban dormidas. Es un filme que, poco a poco, nos cautiva con cada escena. Ver a un tipo como Cuquín Victoria en un drama es algo extraño, pero al final del filme, su actuación nos deja complacidos. Sin restarle méritos, sospecho que la dirección de actores de Tito tuvo mucho que ver en esto. Por otro lado, David Maler y Danilo Reynoso son actores consumados a pesar de su juventud, lo que facilita mucho el trabajo con actores de esa talla.

¿YA LA VISTE? SI ____ NO ____

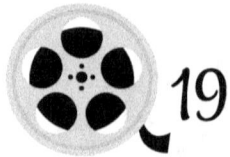

19

RAFAELA (2021)

Director: Tito Rodriguez
Guion: Cristian Mojica
Elenco: Judith Rodríguez Pérez, Hony Estrella, Gerardo Mercedes, "el cuervo", Edward Díaz, Danilo Reynoso, Nicole Pujols, Lucas Marte, Luinis Olaverria, Manuel Raposo, Esmaylin Morel, César Mojica, Marissabel Marte, Juan Carlos Pérez, Diego Yunes, Anderson Mojica.
Director de fotografía: Oliver Mota
Productores: Edward Díaz, Hony Estrella, Leidy González, Cristian Mojica, Pablo Mustonen, Judith Rodríguez Pérez.
Género: Drama

Rafaela narra la historia de una joven del barrio Capotillo de Santo Domingo, líder de una pandilla de delitos menores, que, en un entorno cada vez más violento, busca su identidad y la oportunidad de construir un futuro esperanzador para ella y su comunidad. La película es un retrato vibrante de los barrios dominicanos, mostrando a una mujer que, en su único momento de debilidad, comete su peor error. Es un filme que invita a la reflexión y al disfrute. ¡Hony Estrella, espectacular en su papel!

¿YA LA VISTE? SI _____ NO _____

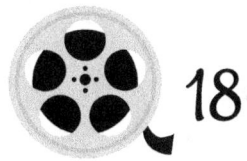 18

MÁS QUE EL AGUA (2021)

Director: Amauris Pérez
Guion: Amauris Pérez
Elenco: Frank Perozo, Hony Estrella, Dalisa Alegría, Laura Díaz, Axel Mansilla, Josué Guerrero, Micky Montilla, Manuel Raposo, Lía Pérez Peñalba.
Director de fotografía: Peyi Guzmán
Productores: Carlos Germán, Frank Perozo, Amauris Pérez
Género: Drama / Thriller

La intensidad de este drama es capaz de ponernos los pelos de punta. Es un filme que encanta de principio a fin.

Cuando vemos un beso en la pantalla grande, queremos sentir que los actores realmente experimentan ese momento, y aquí tenemos, a mi juicio, el mejor beso del cine dominicano. Es entre Frank Perozo y Hony Estrella, quienes le imprimen tanta pasión que parece que en la vida real ambos se aman.

Además, Josué Guerrero continúa en una espiral ascendente en su carrera; admiro su desarrollo frente a las cámaras.

¿YA LA VISTE? SI ____ NO ____

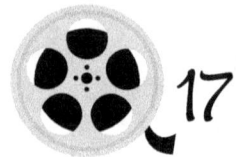

REINBOU (2017)

Director: Andrés Curbelo y David Maler
Guion: Pedro Cabiya, David Maler y Andrés Curbelo.
Elenco: Nashla Bogaert, Héctor Aníbal, David Maler, Katherine Castro, Gerardo Mercedes, "el cuervo", Greg Germana, Zacarys Heredia, Cynthia Guzmán, Juan Carlos Pichardo Jr, Ruairi Rhodes, Héctor Sierra, Rafael Sung.
Director de fotografía: Marc Miró
Productores: Ernesto Alemany, Nashla Bogaert, Carlos Germán, David Maler, Rafi Mercado, Gilberto Morillo.
Género: Drama

Un niño en búsqueda de su padre va a encontrar un mundo con el que ni siquiera imaginaba. El film es impresionante desde las actuaciones, la trama, dirección, producción. Es para hacer un cine fórum y analizar a profundidad.

El tema de dirigir a niños en nuestro cine ha sido una piedra en el zapato, por lo general quedan a deber, aquí no es el caso. Gerardo Mercedes, "El Cuervo", imponente como siempre, pero es con Nashla que nos vamos a identificar plenamente.

¿YA LA VISTE? SI _____ NO _____

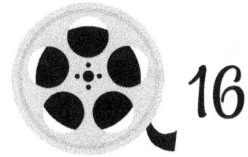16

BOCA CHICA (2023)

Director: Gabriella A.Moses
Guion: Mariana Rondón y Marite Ugas
Elenco: Scarlet Camilo, Lía Chapman, Jean Cruz, Sterlyn Ramírez, Pedro Salamanca, Cindy Lou Howard, Charles Mendoza, Richarson Díaz, Eliseo Antonio Paredes, Héctor Sierra, Teo Terrero, Xiomara Rodríguez.
Director de fotografía: Micaela Cajahuaringa
Productores: Félix M.García Castellanos, Nicole Quiñones, Sterlyn Ramírez, Robina Riccitiello.
Género: Drama

Un lugar paradisíaco es el escenario de una tragedia familiar que se viene arrastrando desde hace años. Cuando el Sol desaparece por el Oeste y el mar se cubre de penumbras es el inicio de la vida en los barrios de Boca Chica, es cuando los personajes van a desnudar sus almas para poder conocer lo que han padecido en carne propia sin poder cambiar ni su pasado ni su futuro. Esto es cine de élite, del que debemos seguir cultivando, pero lo más importante, del que debemos apoyar. No conocía el trabajo de Gabriella A.Moses. Boca Chica es su ópera prima en la gran pantalla, pero si sigue por esa senda y tendremos que sentarnos a analizar su obra muy pronto.

¿YA LA VISTE? SI ____ NO ____

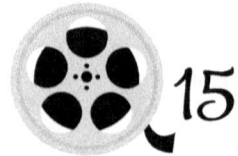

LA CIGUEÑA (2024)

Director: Alejandro Andújar
Guion: Alejandro Andújar y James Lawes
Elenco: Andrea Doimeadiós, Héctor Aníbal, Sarah Jorge León, Any Ferreiras, Pachy Méndez, Marta González Rodin, Orestes Amador, Leonidas Hernández Polo, Danny Radhamés Vásquez, Eugenio Torroella, Amanda de Ła Cruz Marcelino.
Director de fotografía: Pedro Juan López
Productores: Jordi Gassó, Albert Martínez Martín, Rafael Elías Muñoz, Carlos Saura Medrano, Alexandra Stone.
Género: Drama

Definí esta película como un duelo de actuaciones, las protagonistas compiten entre ellas y somos los espectadores los que salimos ganando. La producción y dirección son impresionantes. Los personajes cuentan con una profundidad que cada uno merece que su historia sea contada extensamente. Es con el rol de Any que me sentí más cautivado, ella interpreta a una mujer de temple de acero, que cuando tiene un segundo de debilidad nos va a dar a conocer, aunque de forma mínima, su atormentado ser.

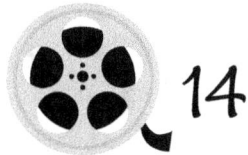 14

CROMA KID (2023)

Guion: Pablo Chea e Israel Cárdenas
Elenco: Nashla Bogaert, David Maler, Yasser Michelén, Jaime Piña, Solange Mongereau, Daniela Guzmán Valdez, Bosco Cárdenas, Vicente Santos, Teo Terrero, CJ Báez, María del Mar Pérez.
Director de fotografía: Israel Cárdenas
Productores: Pablo Chea, Israel Cárdenas, Laura Amelia Guzmán, Albert Martínez Martín, Rafael Elías Muñoz, Sarah Pérez Báez.
Género: Fantasía

La historia sigue a Emi, un joven preadolescente amante de la música, quien lucha con la vergüenza de pertenecer a una familia de ilusionistas y con el relanzamiento del programa de televisión familiar. La trama toma un giro inesperado cuando Emi encuentra un misterioso dispositivo análogo que hace desaparecer a sus padres. A partir de ahí, el protagonista se embarca en una aventura para cambiar su pasado, utilizando una colección de videos caseros y enfrentándose a emociones complejas como el duelo y el primer amor. Aquí volvemos a los viajes en el tiempo, pero tiene un ingrediente extra, y es ahí donde el film va a cautivar al espectador. La vi como una especie de homenaje a Claudio Chea, es de esas películas donde vamos a terminar de pie y aplaudiendo.

¿YA LA VISTE? SI _____ NO _____

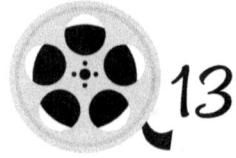

BANTÚ MAMÁ (2021)

Director: Iván Herrera
Guion: Clarisse Albrecht e Iván Herrera
Elenco: Clarisse Albrecht, Euris Javiel, Johnny Morales, Scarlet Reyes, Arturo Pérez, Donis Taveras.
Director de fotografía: Sebastián Cabrera Chelín
Productores: Sheila Agudelo, Clarisse Albrecht, Nabil Elderkin, Iván Herrera, Marcos Herrera, Nicolás de la Madrid, Edna Lerebours, Franmiris Lombert, Cristian Mojica, Fernando Rivas, Tim Voelkner.
Género: Drama

Una mujer que trabaja como mula logra escapar tras ser arrestada con un cargamento y debe huir de las autoridades y de los dueños del material que transportaba. En su carrera, encuentra algo que necesitaba sin saberlo, pero lo que descubre también la necesitaba a ella, aunque, a diferencia de ella, sí lo sabían. Es un film emotivo, con un sello de calidad único. Es de esas películas que, como espectadores, debemos comprometernos a lo que estamos viendo: dejar el celular a un lado y prestar toda nuestra atención.

¿YA LA VISTE? SI _____ NO _____

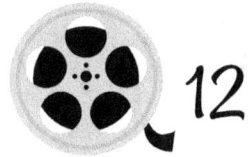 *12*

JEAN GENTIL (2010)

Director: Israel Cárdenas y Laura Amelia Guzmán
Guion: Israel Cárdenas y Laura Amelia Guzmán
Elenco: Jean Remy Genty, Yanmarco King Encarnación, Paul Henri Presumé, Nadal Walcot, Lys Ambroise.
Director de fotografía: Israel Cárdenas y Laura Amelia Guzmán
Productores: Sylvia Conde, Pablo Cruz, Israel Cárdenas, Rafael de Marchena, Laura Amelia Guzmán, Eduardo Guzmán, Archie López, Peyi Guzmán, Barbel Much, Gabriel Nuncio, Ludwig Mangual Pérez, Geminiano Pineda, Desirée Reyes.
Género: Drama

Un haitiano pierde su trabajo como profesor e inicia una búsqueda que lo llevará a lugares impensables. La miseria y la soledad se retratan de forma cruda, y debo confesar que es una película muy pesada de ver. Sin embargo, es precisamente eso lo que la hace grande; el guion es tan poderoso que nos hace sentir incómodos ante lo que estamos presenciando.

¿YA LA VISTE? SI _____ NO _____

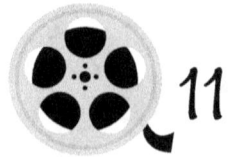

UN PASAJE DE IDA (1988)

Director: Agliberto Meléndez
Guion: Adelso Cass, Danilo Taveras y Agliberto Meléndez
Elenco: Ángel Muñiz, Carlos Alfredo Fatule, Horacio Veloz, Miguel Buccarely, Víctor Checo, Niní Germán, Frank Lendor, Juan María Almonte, Félix Germán, Pepito Guerra, Ángel Haché, Giovanny Cruz, Rafael Villalona, Delta Soto, Johanny Sosa, María Castillo, Teresita Basilis.
Director de fotografía: Peyi Guzmán
Productor: Agliberto Meléndez
Género: Drama

La tragedia de los viajes ilegales fue llevada al cine en una época donde todo era rudimentario, pero se hizo con tanto amor que sigue siendo una de nuestras mejores películas.

Hay una escena en el filme que me marcó profundamente, ya que retrata la realidad del dominicano de aquel momento. Me refiero a la parte en la que van a buscar al aeropuerto a uno de los protagonistas. En el carro, uno de ellos observa la cadena de oro que lleva el viajante y no puede evitar alucinar; se imagina luciendo esa prenda, ya que en ese tiempo se pensaba que era casi obligatorio para cualquier persona que llegara desde los "países".

¿YA LA VISTE? SI ____ NO ____

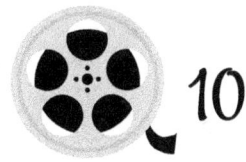 10

PAPI (2020)

Director: Noelia Quintero
Guion: Noelia Quintero basada en la novela de Rita Indiana
Elenco: Avril Alcántara, Amauris Pérez, Orlando Almonte, Hony Estrella, Soraya Pina, Rita Indiana, Jean Luis Burgos, Olga Buccarelli, Yubo Fernández, Canario Joseph, Ángela Sofía Caro, Roger Wasserman, Vanessa Torres.
Director de fotografía: Pedro Juan López
Productores: Rita Indiana, Esteban Martín, Albert Martínez Martín, Rafael Elías Muñoz.
Género: Drama

La historia sigue a Sonia, interpretada por Avril Alcántara, que espera la llegada de su padre, Papi. Este personaje es visto como un príncipe en su barrio; su llegada paraliza todo y genera una mezcla de emociones en la comunidad. A través de los ojos de Sonia, que vive con su madre, Mami (Hony Estrella), se nos revela un relato complejo sobre el abandono y la búsqueda de atención. La trama se desarrolla de manera única, capturando la espera interminable de la hija, con un ritmo que puede parecer lento al principio, pero que logra enganchar. Las actuaciones son sobresalientes. Amauris Pérez da vida a Papi, y su interpretación es convincente y bien estudiada, lo que le da un aire nostálgico a su personaje. Avril Alcántara brilla como Sonia; su actuación es sin duda una de las mejores en el cine dominicano. También destaco a Olga Bucarelli y Hony Estrella, que aportan profundidad a sus papeles. La dirección de Noelia Quintero Herencia me sorprendió. Su enfoque creativo en la narración y la utilización del color para representar diferentes capítulos de la historia son elementos que enriquecen la experiencia visual.

La fotografía y la edición son particularmente notables, facilitando la comprensión de la narrativa que presenta. La sensibilidad con la que Quintero aborda la historia de Sonia y su relación con su padre es conmovedora. Es de esas películas que puedes odiar o amar.

En mi caso, la amé tanto que desesperaba por llegar a casa y contarle a mis lectores lo maravilloso de la historia que acababa de ver. Y aunque soy fan del cine lineal, cada escena de Papi nos transmite sentimientos que viven y padecen los protagonistas, nos pone en los zapatos de una niña que a temprana edad va a sufrir una pérdida irreparable.

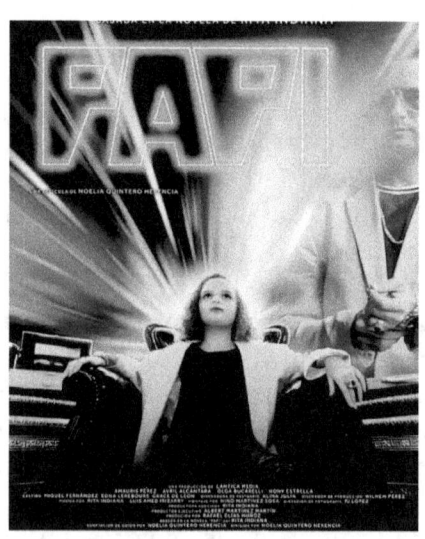

¿YA LA VISTE? SI _____ NO _____

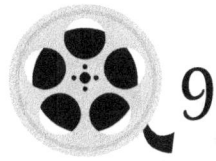

LA GUNGUNA (2015)

Director: Ernesto Alemany
Guion: Miguel Yarull
Elenco: Gerardo Mercedes, "el cuervo", Wasen Ou, Jalsen Santana, Isaac Saviñón, Erick Hsu, Vlad Sosa, Miguel Angel Martínez, Nashla Bogaert, Jamie Tirelli, Teo Terrero, Rich Wong, Patricia Ascuasiati.
Director de fotografía: Juan Carlos Franco
Productores: Ernesto Alemany, Juan Basanta, Fernando E.Medina, Gilberto Morillo, Pablo Mustonen, Sarah Pérez Báez
Género: Acción / Drama / Humor Negro

La Gunguna se erige como una obra maestra del cine dominicano, donde una pistola calibre .22 se convierte en el eje central de una intrincada historia de enredos que afecta a todos los personajes involucrados. La película se destaca por sus sutiles mensajes "encriptados". Su impacto fue tal que ganó 18 de las 22 categorías en los premios locales La Silla, incluyendo el de Mejor Película Dominicana en 2015.

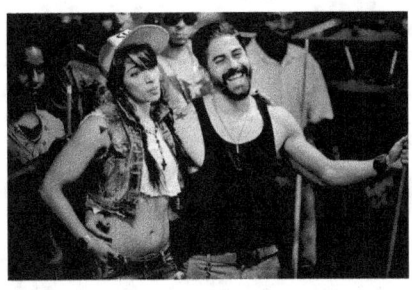

¿YA LA VISTE? SI ____ NO ____

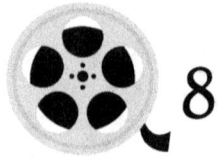8

VENENO: PRIMERA CAÍDA, EL RELÁMPAGO DE JACK (2018)

Director: Tabaré Blanchard
Guion: Riccardo Bardellino, Tabaré Blanchard, Miguel Yarull
Elenco: Manny Pérez, Pepe Sierra, Ovandy Camilo, Richard Douglas, Mario Núñez, Xiomara Rodríguez, Jaime Piña, Aníbal Martínez, Riccardo Bardellino, Yamile Scheker, Dorian da Silva, William Simón, Bolívar Rondón, Soraya Piña, Marcos Sánchez, Richard Pérez, Janio Bencosme.
Director de fotografía: Sebastián Cabrera Chelín.
Productores: Riccardo Bardellino, Tabaré Blanchard, Jean Gabriel Guerra, Franco Herrera, Fernando Rivas, Freddy Vargas.
Género: Drama / Biopic

Este biopic relata la vida de una leyenda dominicana de la lucha libre, ofreciendo una perspectiva única sobre su trayectoria y los retos que enfrentó en el camino hacia la fama. Aunque personalmente no soy fanático de la lucha libre, la película logró captar mi atención de tal manera que, al final, me encontré aplaudiendo. La calidad de la producción, las actuaciones y la dirección son sobresalientes, convirtiendo esta obra en una excelente película que trasciende el género. Sin duda, vale la pena verla.

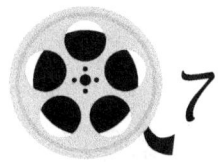

MALPASO (2019)

Director: Héctor Valdez
Guion: José Ramón Alama, David Maler y José A.Paxtor
Elenco: Ettore D'Alessandro, Vicente Santos, Pepe Sierra, Ramón Emilio Candelario, James Saintil, Marie Michelle Bazile, Ariel Díaz, Luis Bryan Mesa, Cyndie Lundy, Peter Jean Baptiste, Wigberto Deschamps, Brainy Serrano, John Nuel Estévez.
Director de fotografía: Juan Carlos Gómez
Productores: José Ramón Alama, Vicente Alama, Alejandro Andújar, Michael Carrady, Fior de Valdez, Juan Carlos Gómez, Héctor Valdez, Kendy Yanoreth.
Género: Drama

El infierno en la tierra existe, aquí nos meten de lleno en un lugar donde la vida carece de valor. La película sigue a Cándido y Braulio, dos mellizos que se quedan huérfanos y deben enfrentarse a la dura realidad de vivir en un lugar inhóspito, tras la muerte de su abuelo en un paraje fronterizo con Haití. Desde el principio, me di cuenta de que debía concentrarme en la trama para realmente entender lo que estaba ocurriendo; es una historia que requiere atención, y puedo afirmar que desconectar del mundo exterior es clave para disfrutarla al máximo. Las actuaciones son, sin duda, uno de los puntos fuertes de la película. Aunque Vicente Santos y Pepe Sierra aportan su talento habitual, son los novatos, Ariel Díaz y Luis Bryan Mesa, quienes realmente brillan. Su naturalidad y frescura aportan un toque mágico a sus personajes, lo que hace que su historia resuene aún más con el espectador.

La dirección de Héctor Valdez me sorprendió gratamente. Su estilo ha evolucionado desde sus trabajos anteriores, y aquí logra capturar la desolación y el sufrimiento de los protagonistas de manera impactante.

La fotografía, a cargo de Juan Carlos Gómez, es probablemente la mejor que he visto en el cine dominicano; el uso del blanco y negro es perfecto y refuerza la atmósfera de desesperanza y lucha constante. En las escenas más difíciles, como cuando los protagonistas entran a un burdel, realmente se siente el ambiente opresivo y nauseabundo, lo que es un testimonio del gran trabajo de Valdez.

Este filme es una obra de arte que logra conectar con el público a un nivel emocional profundo.

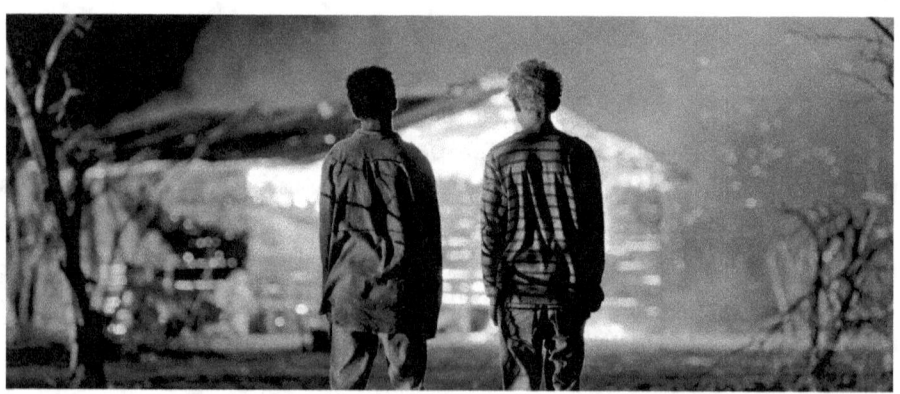

Foto cortesía de Héctor Valdéz

¿YA LA VISTE? SI _____ NO _____

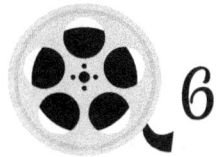 6

MIRIAM MIENTE (2018)

Director: Natalia Cabral y Oriol Estrada
Guion: Natalia Cabral y Oriol Estrada
Elenco: Frank Perozo, Roger Wasserman, Pachy Méndez, Isabel Polanco, Fidia Peralta, Cecile van Welie, Ana María Arias, Margaux da Silva, Dulce Rodríguez, Cristobalina Morel, Giordano Hernández, Georgina Duluc, María Castillo, Uxio Lis, Alexander Bergés.
Director de fotografía: Israel Cárdenas
Productores: Javier Bermúdez, Natalia Cabral, Jordi Comellas, Víctor Dumé, Oriol Estrada, Francis "Indio" Disla Ferreira, Leidy González, Pablo Mustonen, Leidy Peña, Frank Perozo, Paco Poch, Gabriel Tineo.
Género: Drama

En Miriam Miente parece a simple vista que no pasa nada, pero pasa, y mucho. Un filme que explora la idiosincrasia dominicana. Un guion inteligente que de a poco nos mete de lleno en la trama. La historia sigue a Miriam, una adolescente de quince años en un entorno racista y clasista. Cuando se enamora de Jean Louis, un chico negro que conoce en internet, debe enfrentar los prejuicios de su familia, que ya consideraban que "con uno en la familia era suficiente". La trama es valiente, exponiendo la hipocresía y racismo aún presentes en nuestra sociedad. Miriam, interpretada por Dulce Rodríguez, lo hace de manera cautivadora; su timidez y sinceridad en pantalla la hacen sobresalir. Pachy Méndez también ofrece una actuación memorable, al igual que Carolina Rohana en su debut cinematográfico.

En cuanto a la dirección de Natalia Cabral y Oriol Estrada, me gusta cómo manejan los sueños de Miriam y los enfoques de su rostro, que transmiten su vulnerabilidad.

Sin embargo, las tomas cerradas resultaron algo exageradas para mi gusto. Aun así, respeto su visión.

Miriam Miente es una película que vale la pena ver y que no teme señalar nuestros prejuicios como sociedad.

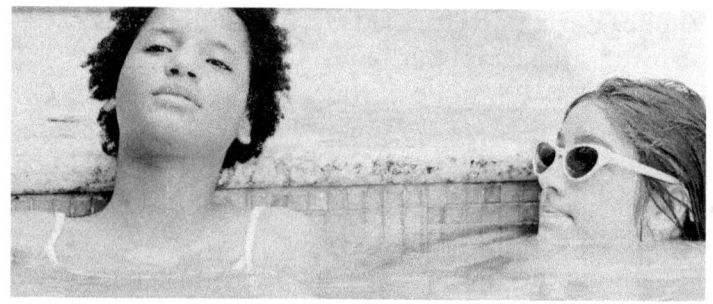

¿YA LA VISTE? SI ____ NO ____

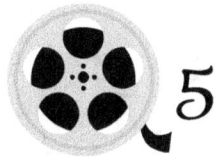

5

LA HEMBRITA (2023)

Director: Israel Cárdenas y Laura Amelia Guzmán
Guion: Israel Cárdenas y Laura Amelia Guzmán
Elenco: Cecilia Garcia, Cuquín Victoria, Juan María Almonte, Xiomara Fortuna, Mario Peguero, Chabela Estrella de Bisonó, Gustavo Rodríguez, Aleska Vásquez, Maeva Henin, Néstor Sánchez, William Junior Caminero.
Director de fotografía: Israel Cárdenas
Productores: Ilan Jaievsky y Rafael Elías Muñoz
Género: Drama

La película dominicana La hembrita, dirigida por Laura Amelia Guzmán, fue nominada a los Premios Ariel 2024 como Mejor Película Iberoamericana. Estrenada el 16 de noviembre de 2023, este drama cuenta la historia de Dominique, una mujer de clase alta que, al enfrentar el Síndrome del Nido Vacío, decide cuidar a la nieta de su empleada, Carmen, quien desaparece inesperadamente. Dominique debe elegir entre devolver a la niña a su familia biológica o quedarse con ella, enfrentándose a su familia y sus propios valores. La obra se proyectó en el Festival Internacional de Cine de Róterdam, recibiendo excelente acogida. La hembrita representa una evolución en el cine dominicano, explorando la intersección de las emociones de clase alta y las realidades de los sectores marginados. No es el cine común que se presenta en nuestras salas de proyección, pero es del que debemos continuar haciendo. Una mini obra maestra.

¿YA LA VISTE? SI _____ NO _____

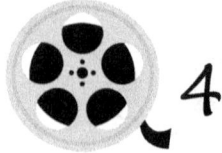

CARAJITA (2021)

Director: Ulises Porra y Silvina Schnicer
Guion: Ulises Porra, Ulla Prida y Silvina Schnicer
Elenco: Cecile van Welie, Magnolia Núñez, Richard Douglas, Mario Cersósimo, Clearco Giuria, Clara Luz Lozano, Dimitri Rivera, Génesis Buret, Yuberbi de la Rosa, Javier Hermida, Marcella Acuña Báez, Eduardo Martínez Sturla.
Director de fotografía: Sergio Armstrong y Iván Gierasinchuk
Productores: Federico Eibuszyc, Alexandra Guerrero, Ulla Prida, Donald Rabinovitch, Fernando Santos Díaz, Barbara Sarasola-Day, Marcela Victoria
Género: Drama

Carajita narra la historia de Yarisa, una mujer que trabaja como cuidadora para una familia adinerada dominicana, y su vínculo emocional con Sarah, una niña a la que cuida, creando un lazo más allá de lo biológico. Cuando la familia viaja a su casa de playa, Yarisa se reencuentra con su propia hija, Mallory, desencadenando tensiones y exponiendo el conflicto entre sus roles como cuidadora y madre. La película refleja las contradicciones de la vida en familia y la jerarquía entre empleados y empleadores en la sociedad dominicana, abordando temas de pertenencia y sacrificio. Con una fotografía y sonido inmersivos, Carajita logra capturar la identidad dominicana sin caer en clichés, consolidando su lugar en el cine nacional como una propuesta auténtica y profundamente introspectiva. Un retrato de dos clases sociales dominicana, donde todo parece marchar bien hasta que llega la tragedia. Una película cargada de realismo, dura de ver por el tema que trata, pero es cine del bueno.

¿YA LA VISTE? SI _____ NO _____

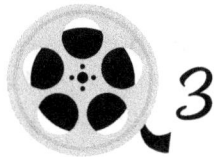

EL HOMBRE QUE CUIDA (2017)

Director: Alejandro Andújar
Guion: Alejandro Andújar y Amelia del Mar Hernández
Elenco: Héctor Aníbal, Julietta Rodríguez, Yasser Michelén, Paula Ferry, Archie López, Héctor Medina, Eyre Agüero Joubert, Fiora Cruz.
Director de fotografía: Gabriel Valencia
Productores: Alejandro Andújar, Leo Ayres, Harold Castillo, Amelia del Mar Hernández, Pedro Juan López, Annabelle Mullen, Marcos Pimentel, Mercy Ramos, Desirée Reyes.
Género: Drama

Al inicio, sabía poco o nada sobre El Hombre que Cuida, y el tráiler realmente no me llamó la atención. Sin embargo, decidí ver el estreno, y salí muy contento. La historia sigue a Juan, un hombre que trabaja como cuidador en una casa de playa en Palmar de Ocoa. Su vida está centrada en sus tareas diarias: camarero, limpiador, reparador, entre otros. Vive aislado, sin deseos de regresar al pueblo. Sin embargo, su rutina cambia con la llegada de Richie, el hijo del patrón, y sus amigos. Lo que al principio parecía un guion sin pretensiones se transforma en una historia trágica, cruel y realista, llena de originalidad que explora una realidad familiar pero a menudo silenciada. Héctor Aníbal destacó, ofreciendo una interpretación sobresaliente. Yasser Michelén también hace un buen trabajo, y hasta Archie López, en una breve participación, cumple. En este filme, Alejandro Andújar debuta como director y acierta, pese a un historial mixto como guionista (con trabajos como Lotoman y Cristo Rey). Una apuesta dramática, diferente de lo acostumbrado en el cine dominicano.

Un ejemplo de lo que es un buen guion, buena dirección y actuaciones impecables. La trama me llegó al punto de que odiaba tanto a uno de los personajes, que de haberme topado con él y capaz que le pegaba una bofetada.

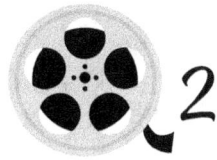

COCOTE (2017)

Director: Nelson Carlo de Los Santos Arias
Guion: Nelson Carlo de Los Santos Arias
Elenco: Vicente Santos, José Cruz, Yuberbi de la Rosa, José Miguel Fernández, Pepe Sierra, Ruairi Rhodes, Ricardo Ariel Toribio, Kalyane Linares, Judith Rodríguez Pérez, Enerolisa Núñez.
Director de fotografía: Roman Kasseroller
Productores: Wendy Espinal, Fernando Santos Díaz, Lukas Valenta Rinner.
Género: Drama

Cocote, dirigida por Nelson Carlo de los Santos en su primer largometraje, se destaca como una obra que impresiona por su profundidad y autenticidad. La historia sigue a Alberto (Nelson Santos), un cristiano evangélico que regresa a su pueblo tras el asesinato de su padre. A pesar de su deseo de vivir según sus creencias, enfrenta la presión de su familia para vengarse. Aunque el guion comienza lentamente, su desarrollo y cierre son espectaculares, mostrando una transformación profunda.

Las actuaciones, especialmente de Santos y Yuberbi de la Rosa, son magistrales, llenas de naturalidad y fuerza. La dirección es notable, destacando una fotografía que se entrelaza emocionalmente con el paisaje y los personajes. Este filme representa un logro en el cine dominicano donde la religiosidad, la ignorancia y la pobreza se mezclan en un paraje perdido del Sur. Cocote presenta, en mi opinión, una de las escenas más impactantes del cine dominicano: cuando el protagonista va al cuartel de la policía a presentar su denuncia.

En esta escena, se observa cómo el cuartel simboliza el infierno, y el mar en calma al fondo, el cielo, encontrándose en una frontera visual y emocional poderosa.

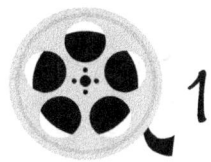 1

CANDELA (2021)

Director: Andrés Farías
Guion: Laura Conyedo, Rey Andújar y Andrés Farías
Elenco: Sarah Jorge León, Frank Perozo, Gerardo Mercedes, "el cuervo", Lidia Ariza, Mario Cersósimo, Andrés Curbelo, Richard Douglas, Pepe Sierra, Fico Cruz, Richarson Díaz, César Domínguez, Omar Patín, Judith Rodríguez Pérez, Cindy Galán, Félix Germán, Álvaro Guzmán, Katherine Montes, Yamile Scheker.
Director de fotografía: Saurabh Monga
Productores: David Ferreira, Carlos Germán, Pablo Lozano, Rafael Muñoz.
Género: Drama

Rey Andújar, un destacado literato dominicano radicado en EE.UU., ha llevado una de sus novelas al cine, lo cual despertó gran expectativa. Este filme sigue las historias de tres personajes en una ciudad amenazada por un huracán: Peña Blanca (Sarah Jorge León), una mujer atrapada entre la vida nocturna y su compromiso con un político; Pérez (Félix Germán), un policía veterano en busca de justicia; y Lubrini (César Domínguez), un cabaretero en la búsqueda desesperada de su novio.

La trama se desenvuelve lentamente, con escenas intensas, especialmente un baile que marca un momento inolvidable en el cine dominicano. Las actuaciones son sobresalientes, especialmente las de Jorge León y Domínguez.

La dirección debut de Farías destaca por su fotografía y ritmo adecuado, logrando una obra que cautiva visual y emocionalmente.

Candela es una experiencia visual que para poder comprender su grandeza debemos verla sin que nada ni nadie nos interrumpa. Es cine de primer nivel, del que hace que a uno se le hinche el pecho al decir que es una película dominicana.

Las 100 mejores películas dominicanas de la historia

100-Biodegradable
99-Despertar
98-El Sótano
97-La Broma de la Justicia
96-Culpables
95-El que Mucho Abarca
94-Las Pequeñas Cosas
93-El Círculo Vicioso
92-La Isla Rota
91-Noche de Circo
90-Feo de Día, Lindo de Noche
89-Carta Blanca
88-No es lo que Parece
87-El Encargo
86-No Hay Más Remedio
85-Malos Padres
84-Y...a Dios que me Perdone!
83-Andrea
82-Cuando te Toca
81-La Bruja
80-Sanky Panky

79-Qué León

78-I Love Bachata

77-Pueto Pa'Mi

76-La Lucha de Ana

75-Convivencia

74-El Sistema

73-Navarrete

72-Pobres Millonarios

71-A Ritmo de Fe

70-Todas las Mujeres son Iguales

69-Primero de Enero

68-El Teniente Amado

67-La Soga

66-Yuniol

65-Lío en Dólares

64-Flor de Azúcar

63-La Trampa

62-El Rey de Najayo

61-Ladrones a Domicilio

60-Todos los Hombres son Iguales

59-Trabajo Sucio

58-La Maravilla

57-Melocotones

56-Amigo D

55-La Cárcel de La Victoria: El Cuarto Hombre

54-El Blanco

53-Cabarete

52-Hotel Coppelia

51-Danny 45

50-Nueba Yol

49-Hermafrodita

48-Dólares de Arena

47-La Hija Natural

46-Perico Ripiao

45-Jupía

44-Colao

43-Cinderelo

42-¿Quién Manda?

41-La Familia

40-Cristo Rey

39-Mis 500 Locos

38-Jaque Mate

37-Azul Magia

36-Sol en el Agua

35-La Fiera y la Fiesta

34-Sambá

33-15 Horas

32-A Orillas del Mar

31-La Barbería

30-Algún Lugar

29-Verde

28-Perejil

27-Los Vendedores

26-Agujero Negro

25-Insular

24-Carpinteros

23-El Proyeccionista

22-De Pez en Cuando

21-En Tu Piel

20-La Familia Reyna

19-Rafaela

18-Más que el Agua

17-Reinbou

16-Boca Chica

15-La Cigüeña

14-Croma Kid

13-Bantú Mama

12-Jean Gentil

11-Un Pasaje de Ida

10-Papi

9-La Gunguna

8-Veneno, Primera Caída: El Relámpago de Jack

7-Malpaso

6-Miriam Miente

5-La Hembrita

4-Carajita

3-El Hombre que Cuida

2-Cocote

1-Candela

Crea tu lista
Top 20

- ● ....
- ● ....
- ● ....
- ● ....
- ● ....
- ● ....
- ● ....
- ● ....
- ● ....
- ● ....

Crea tu lista
Top 20

- ....
- ....
- ....
- ....
- ....
- ....
- ....
- ....
- ....
- ....

¿Preguntas, quejas, comentarios o sugerencias?
Aquí puedes conectar conmigo:
rafaelcine2004@gmail.com

www.ingramcontent.com/pod-product-compliance
Lightning Source LLC
Chambersburg PA
CBHW052320220526
45472CB00001B/198